# El desencanto de los revolucionarios

Violeta Serrano

# El desencanto de los revolucionarios

Cómo la izquierda 'transformadora' española pulverizó la esperanza de cambiar un país

ESPASA

Espasa es un sello de Editorial Planeta, S. A.
Avda. Diagonal, 662-664
08034 Barcelona
www.planetadelibros.com
www.espasa.es

Primera edición: febrero de 2026

Diseño de cubierta: Planeta Arte & Diseño
Imagen de cubierta: © Shutterstock
Fotografía de la autora: © Alejandra López

ISBN: 978-84-670-8057-5
Depósito legal: B. 156-2026



Impreso en España / *Printed in Spain*
Impresión: Huertas S. A.

PEFC Certificado
Este libro procede de bosques gestionados de forma sostenible
PEFC
PEFC/14-38-00305
www.pefc.es

*Al Teleno, la montaña que me recordó cómo resistir y me mostró, con su silencio paciente, cómo regenerar mis raíces después del incendio que arrasó con todo lo que hasta entonces creía sólido.*

*Gracias a la naturaleza que guarda el secreto de la única verdad.*

*Gracias a los que resisten junto a la tierra y repueblan la España olvidada transformando así el olvido en esperanza.*

*Ahí reside la verdadera revolución del siglo* XXI.

# Índice

*Por qué este libro* ..... 11

1. Despedida ..... 17
2. Para qué te metes ..... 23
3. Estupefacción y temblores ..... 33
4. Regenerarse o morir ..... 39
5. La aristocracia obrera ..... 45
6. El desprecio de las periferias ..... 51
7. Caín y Abel se quedan cortos ..... 59
8. El óxido de los partidos ..... 65
9. Deja de decirme lo que tengo que pensar, plomo ..... 71
10. De aquellos polvos ..... 79
11. Transformar qué ..... 85
12. La consecuencia tiene cara de hombre blanco hetero (y muy enfadado) ..... 91
13. Si esto no es, ¿entonces qué? ..... 99
14. Una propuesta revolucionaria que no estás dispuesto a aceptar ..... 109
15. Amor y ternura ..... 117
16. El pasado de los *boomers* como futuro de los *millennials* ..... 121
17. Hacerse SAVIA ..... 131

18. Nuevas comunidades apegadas al territorio ........ 137
19. Que de lejos parecen antorchas .......... 145
20. La política siempre fue relato: reinventar la ilusión .......... 155
21. La triple estrategia para reverdecer .......... 165
22. Las tres torres de la Canadenca .......... 171

*Agradecimientos* .......... 177
*Bibliografía* .......... 179

# Por qué este libro

Durante mucho tiempo guardé silencio. No tengo ninguna intención de dañar a nadie con este libro, pero sí creo que es importante que la política haga una reflexión sobre cómo reconstruir su manera de hacer y ejecutar el poder mismo. Porque si lo personal es político, entonces hace rato que hemos perdido el norte.

Han pasado ya más de dos años de mi experiencia en el nacimiento y primeros pasos de Sumar, esa escisión que se creó con la idea de amalgamar un movimiento capaz de superar las rencillas de la izquierda «transformadora» a partir de la creación de nuevos postulados y personas que pudieran aglutinar, desde fuera, nuevos liderazgos. Personas ajenas a los vicios de la política partidaria y comprometidas con su realización profesional, entendida, a la vez, como transformación social conjunta. Pero esa parte resultó ser ficción pura. Ninguno de los que habían tomado posiciones tenía intención alguna de pasar el testigo a posibles elementos disruptivos. Supongo que yo era una de esas: escritora, divulgadora, docente universitaria, librepensadora sin más. Un error de órdago. Un peligro en potencia para el *statu quo* de un partido político que, en realidad, no estaba en construcción, sino retomando los vicios de lo que pudo ser y no fue un movimiento político innovador. «Vamos a ganar el país», repetía su líder. Y sí, hubo tres millones de votos que se lograron y que hoy quedaron en apenas cenizas. ¿Su consecuencia? El desencanto. La pulverización de la esperanza colectiva. Una verdadera desilusión.

Pero lo cierto es que yo no pretendía destronar a nadie. Mi intención, al entrar en política, no era otra que evitar que la extrema derecha avanzase más aún, como ya lo había hecho en mi territorio. Y mi idea no era hacerlo solo desde el rechazo y la censura a aquello que esos postulados implicaban, que también, sino, sobre todo, tomando el desafío de crear una alternativa ilusionante y reparadora para tantos dolores que sin duda la mayoría del pueblo está pasando y que yo conocía bien, porque los había transitado en mi propia piel: era y soy una migrante retornada que ha decidido vivir apegada al territorio en el que la despoblación desgarra la esperanza cada día un poco más. Y es que atravesar un cambio de época no es algo sencillo y siempre, siempre, hay ganadores y perdedores. Donde no hay estímulos externos, ese desgarro se manifiesta de un modo mucho más acusado y seco: sin alivio, con el golpe constante de la realidad ante el vacío de lo que fue y ya no es o, al menos, no de la misma manera.

Mi deseo era imbricar la solución que yo misma había generado con esfuerzo personal, tomando la decisión política de construir mi casa sobre la vieja huerta de mis abuelos en una aldea ínfima de León, pero entendiendo ese paso como una palanca desde el punto de vista general: que mi caso particular pudiese convertirse en una oportunidad de futuro factible para tanta gente que no está encontrando su brújula y solo sentía, y siente aún, muchísima frustración. Para soñar lo imposible y convertirlo en realidad es necesario ejecutar posibilidades diferentes, diseñar herramientas: hacer política.

He de decir que, tiempo después, ya separada absolutamente de mi relación con Sumar, tuve la suerte de conocer a otras personas dedicadas a la política institucional. Por ejemplo, el trabajo del MITECO, el Ministerio para la Transición Ecológica y el Reto Demográfico, y, en particular, su Secretaría de Estado para el Reto Demográfico. No es el único caso de buen hacer, estoy segura, pero lo traigo como ejemplo particular, porque, a través de este acercamiento, atisbé de nuevo un camino para volver a confiar en la política. No todo se puede, pero sí hace falta lidiar en el arte de lo posible desde la cercanía y el conocimiento preciso de lo que se está tratando. No se debería poder ejercer una responsabilidad así sin tener claros los dolores de los territorios, la experiencia desde varios ángulos y tampoco sin mantener una esperanza concreta de futuro, así como una cabeza estratégica y ejecutiva para hacer realidad, al menos, los mimbres para que otros puedan dibujar después una construcción concreta, y hacerlo desde una organización en red apegada a cada territorio y a su gente. Eso es, de hecho, el proyecto de la red CIT, cuya meta es alcanzar un mayor equilibrio territorial a través del desarrollo económico, la retención y captación de talento y la innovación socioeconómica en áreas rurales. Tienen ya más de veinte CIT en toda España con herramientas para potenciar el emprendimiento y generar alianzas que optimicen cada parte a través del todo. Estos CIT, o Centros de Innovación Territorial, «son espacios concebidos como ecosistemas de colaboración en los que desarrollar y compartir experiencias que contribuyan a reactivar social y económicamente los territorios rurales. Son espacios estratégicos de ámbito provincial y pluriprovincial desde los que impulsar la creación y desarrollo de actividades en estas áreas, así como repensar la manera de trabajar o de colaborar en estos espacios»[1]. Algo esencial y clave para que la triple estrategia de salida que propongo, tocando al final de este ensayo, sea real. Por eso, si hay un cambio de Gobierno, que lo habrá más pronto que tarde, ojalá que todo lo que se ha generado desde ahí no caiga en saco roto: es un andamiaje útil para continuar profundizando en el resurgir de las zonas olvidadas de España y la esperanza de cambiar un país desde su raíz. Se trata de algo que hemos dejado de lado y es un error brutal. La mirada a largo plazo: eso debería ser la política, y no ruido y polarización constante.

Por eso este libro habla de desencanto, de un análisis desde el punto de vista de que lo personal es político para procurar entender de qué manera la izquierda «transformadora» se ha desconectado del pueblo al que dice representar. Y, en ese sentido, es también un alegato hacia la política con mayúsculas que supo cómo generar medidas públicas que verdaderamente ayuden a mejorar la vida de la gente. Pero hoy eso por sí solo tampoco es suficiente y es necesario repensarlo todo. En ese tránsito, por tanto, se generan dilemas, como lograr el modo de alcanzar ese punto medio virtuoso entre el propósito político genuino y la profesionalización excesiva —y, en algunos casos, también la corrupción— que liquida la autenticidad que requiere seguir ilusionando a los votantes. Porque, mientras la democracia exista, ellos y ellas continuarán teniendo el poder de mantenerte o eliminarte del mapa a través de las urnas.

---

[1] https://www.redcit.es/quienes-somos.

Este libro es un recorrido por una experiencia muy intensa que me atreví a vivir y solo tiene la intención de sanar y entender, por mi parte, y de ayudar a sanar y entender, en general, la herida que ha supuesto que todos los que decidimos confiar en la nueva izquierda «transformadora» nos hayamos tenido que llevar las manos a la cabeza y llorar ante la frustración que supone ver cómo el otro extremo ideológico te arrasa.

La escritura sirve para pensar, para formularse preguntas, para ejercer la crítica e imaginar desde ahí nuevas respuestas a dilemas conjuntos: el ensayo parte de un pensamiento propio para abrazar el conjunto, para sacudir aquellas cosas que nos incomodan y darle espacio también a otras que quizás debemos repensar.

Por eso este libro, además, se pregunta cómo articular soluciones concretas para devolver la esperanza con el fin de crear otro mundo que, como siempre digo, solo será real si nos atrevemos a soñar lo imposible para lograr lo necesario a través de consensos y no de más polarización. Como se verá, para hacerlo tampoco hay que inventar la rueda, sino rescatar aquello que nos hace humanos y combinarlo de manera inteligente con lo que nos hace sentir invencibles: la innovación constante que hemos conquistado como forma de vida pero sujetada desde una raíz tan fuerte y poderosa como lo es la creencia, ya sea en nuevos liderazgos que emanen de la horizontalidad, en las enseñanzas de los ciclos de la naturaleza o en la propia noción de comunidad que espanta al individualismo que nos llena de temor y parálisis en vez de alegría y esperanza de futuro. Y este cambio de paradigma es más que urgente. Pero, empecemos por el punto de partida de toda esta reflexión: mi propio desencanto.

# 1
# Despedida

> «Llega un momento en que hay que ser consecuentes con la prédica. Tengo una teoría sobre ti, tengo muchas, pero la principal es que faltaste al primer mandamiento de un revolucionario, de una revolucionaria, y es que el único criterio de verdad es la práctica»[1].
>
> GABRIELA WIENER, *Atusparia*.

La noche antes supe que algo terrible iba a suceder. No puedo discernir exactamente por qué en aquel momento sentí que el hilo estaba a punto de romperse, pero lo supe, lo intuí con una claridad meridiana. Dormí en un hotel cercano a Atocha, en una habitación oscura y claustrofóbica en la que apenas había espacio para ventilar. Al día siguiente me tocaba ir a Córdoba como participante en una jornada de expertos en intervención en el medio rural. Por eso estaba lejos de casa aquella noche y el calor empe-

---

[1] Gabriela Wiener, *Atusparia*, Barcelona, Penguin Random House, 2024, p. 191.

zaba a apretar en Madrid. Me ahogaba, pero no solo por las consecuencias del sol: arrastraba falta de oxígeno y mis pulmones sentían la angustia de lo que estaba por venir.

Desde hacía algo más de cuatro meses, cuando detecté que mi bienestar emocional empezaba a desvariar, tomé la decisión de empezar a practicar yoga de manera constante, intercalando ese ejercicio con otras opciones que ayudaran a sacarme de dentro el fuego que me quemaba. Así que, además, corría, sobre todo, como si pudiera huir hacia algún lugar seguro que, en aquel momento, no lograba visualizar. Había perdido mis referentes, no creía en nada, todo lo que pensaba que era necesario, la política para transformar la vida de la gente, moría ante mis ojos, mientras era testigo preferente de la debacle en primera línea política sin que se me escuchara y, por tanto, sin posibilidad de hacer nada para evitarlo. Cada vez que discrepaba, sencillamente se me alejaba un poco más del centro de poder. Nunca fui militante, sino independiente, y eso, en política partidaria, se paga. Y el precio es muy alto.

No lo pude resistir, ya no por mi catástrofe personal, sino porque, al mismo tiempo, veía cómo en mi otra tierra, Argentina, crecía de forma sostenida y contundente una de las primeras consecuencias del fracaso de un gobierno supuestamente popular, «de izquierda», que representaba a los débiles pero que los estaba dejando fuera desde hacía demasiado tiempo: Javier Milei y su antipolítica como recurso para todo ganaban terreno a una velocidad de espanto. Mi frustración era de tal calibre que dejé de ver sentido alguno a mi trabajo. En aquel momento yo era coordinadora de discurso del partido recientemente creado por la vicepresidenta Yolanda Díaz, quien me llamó a través de sus asesores una vez terminada la campaña electoral de 2023 en la que fui cabeza de lista como candidata a diputada en el Congreso de los Diputados por la provincia de León a petición suya. Aceptaron que no tuviese que trasladarme a vivir a Madrid, sino trabajar desde mi pueblo y viajar siempre que fuera necesario: tomé más trenes que nunca, pero pude cumplir mi promesa de campaña, y es que yo no iba a abandonar mi tierra. Y no lo hice. Pero eso, seguro, también tenía un precio. Lo supe después.

En aquellos meses de destrozo personal, me aferré a estrategias de rescate. Atravesando el camino del yoga empezó a crecer en mí una espiritualidad que había matado con los años. Aunque en mi casa nadie es creyente, en la sociedad en la que crecí sí había un ambiente extremadamente católico. Al fin y al cabo, quien cree en ese Dios tiene en su vida una dimensión trascendental que le supera y le guía porque piensa que hay algo más que ordena el todo. De niña estaba rodeada de fe: vengo de una zona del interior de España en la que hay más iglesias que barrios y más santos que gente. Procedo de una España conservadora y me eduqué rezando cada mañana antes de empezar a tomar la lección en el colegio. Pese a ello, cuando me hice adolescente, reaccioné de forma diametralmente opuesta: me hice punk y anarquista y, por supuesto, solo creí, durante mucho tiempo, en aquello que se pudiera experimentar. Racional, científica, europea, hija de la Ilustración, al fin. Pero la vida te transforma si te dejas atravesar por ella: así vivo yo, ni sé ni quiero hacerlo de otra manera. Camino con una manada de caballos galopando desde el centro del pecho hacia el mundo, y supongo que también por esa pasión que genero, soy un activo en un momento en el que la política ha dejado de ser creíble. La autenticidad es un valor en alza.

En lo intangible, lo cierto es que mis casi diez años en la Argentina me acercaron de algún modo a cuestiones que apenas se pueden explicar y que, sin embargo, suceden. Aparte de quitarme la idea del anarquismo de un plumazo: cuando el Estado verdaderamente es deficiente, los problemas se manifiestan con una dureza letal. En la dimensión más irracional que se cultiva en Latinoamérica me costó más tiempo meterme. No les hice demasiado caso en ese aspecto hasta que mi paso por la política me hizo perder mi eje, el centro de gravedad, mi identidad. Entonces necesité recurrir a algo superior a mí a lo que poder agarrarme, aunque no fuese real, científico, racional. Y me compré un *japa mala*, esto es, un collar budista que supuestamente reequilibra los siete chakras. Lo usaba para tratar de meditar o rezar cuando los nervios me destrozaban. Y aquella noche, con una intuición férrea, previa a mi despido, sentí que lo necesitaba de nuevo.

Sí, es una especie de ficción, pero la ficción también salva: en algo hay que creer, dicen. El yoga tiene todo un sistema de creencias que pueden servir como rescate cuando dejas de tener fe en todo lo que era sólido hasta ese momento. En la Argentina, más allá de la práctica extendida del yoga, hay una gran costumbre por mirar a las estrellas buscando explicaciones, es decir, creyendo en la astrología, o por hurgar en las constelaciones familiares para comprender de dónde viene una exactamente. No en vano se trata de un pueblo cuyas últimas generaciones se han hecho a través de una cultura migrante que, sin duda, sigue buscando eternamente su raíz. En su fondo, además, palpita un relevante sustrato indígena que sigue pugnando por no morir en medio de un país europeizado al máximo. Toda esa mixtura está hoy en mí, como ya expliqué en mi ensayo *Poder migrante*, y no lo llevo como una carga, sino como una oportunidad, aunque no sea fácil. Amplificar el foco a culturas tan diversas hace que mi cabeza sea capaz de valorar desde ángulos tan divergentes a la vez una situación en que las consecuencias pueden resultar agotadoras para mi cerebro. Pero soy útil, supongo, y por eso de vez en cuando me consultan, como si fuera una bruja contemporánea, una escritora extraña que gusta tanto de encerrarse a expresarse desde sus libros de novela, poesía o ensayo como de salir al mundo y analizarlo políticamente después de largas temporadas de silencio en un valle perdido del noroeste de España. Supongo que esa soy yo ahora, después de haberme perdido y encontrado otra vez. Pero aquella noche solo había ansiedad, mi respiración iba más rápido de lo que mi pecho atinaba a guardarla.

Así que en aquella habitación oscura recé una letanía que yo misma inventé: algo sencillo y fundamental que, después de ese momento, me acompaña cuando las fuerzas flaquean. El *japa mala* consiste en una cadena que une a través de nudos ciento ocho cuentas redondas que sirven para no perderte en la repetición de la letanía elegida. La mía fue: «Sin miedo todo irá bien, sin miedo todo irá bien, sin miedo todo irá bien». Lo repetí ciento ocho veces antes de intentar dormir esa noche. Al día siguiente, efectivamente, recibí un mensaje en el que se me convocaba a una reunión *online*. El despido era inminente. El problema era que yo lo había dejado todo para meterme en política: quemé las naves, confié, y del otro lado no hubo nada más que vacío y desprecio. Tanto que, de ahí en adelante, nadie más de ese espacio político al que había dado mi estabilidad, mi tiempo y mi paz se interesó por mí. Solo silencio mientras el barco, evidentemente, se hundía, como yo había advertido que iba a pasar. En política hay que saber quién eres, y Sumar, desde que trató de construirse tras las elecciones de 2023, dejó de lado lo fundamental: desarrollar una identidad específica que no lo convirtiese en la loncha del sándwich entre el PSOE y Podemos. Una tierra de nadie que lo devastaría y, con él, a la esperanza de tantas personas que habían vuelto a confiar con tanto esfuerzo en la política. Este vaivén constante sigue vigente: es difícil ser un partido «radical» cuando, al mismo tiempo, debes estar en un Consejo de Ministros con carteras que, en realidad, deciden poco, salvo Trabajo y Economía Social. Es una posición negociadora tan débil que solo puedes amagar con un enfado que ya nadie cree porque, si te vas, el Gobierno cae. ¿Cómo apretar desde ahí para que realmente la sociedad se transforme? Es bien difícil. Por ese motivo, Podemos decidió volver a los orígenes naturales de esa izquierda radical: la queja constante, no la transformación, sino el discurso de la transformación. Y de ahí, una vez más, el gran desencanto.

# 2
# Para qué te metes

«Cada uno es como es».
*El 47.*

El primer pacto PP-VOX tuvo lugar en mi zona. Castilla y León fue pionera en integrar a la extrema derecha en un gobierno de coalición a nivel regional. El personaje elegido para sostener ese gobierno era un tipo que tenía una edad muy parecida a la mía. Tragó durante varios años. Hoy también está fuera. Antes de irse nos dejó ideas como que las mujeres deberían pensar mejor abortar, con medidas «provida» tan siniestras como el protocolo del latido, que consiste en obligar a escucharlo antes de tomar la decisión de interrumpir el embarazo, así como tener acceso gratuito a las ecografías 4D y a la atención psicológica de entrada, validando desde el principio que una mujer que toma esa decisión es que está confundida y necesita ayuda.

En aquel momento detecté el principio de la catástrofe. Si se empezaba a normalizar un discurso como el que VOX representaba a través de su amalgama con partidos conservadores, pero tradicionalmente más moderados, lo que en política llamamos «la ventana de Overton», es decir, aquello que consideramos posible, normal, aceptable socialmente, cada vez se iba a abrir más y a descompensarse hacia el lado de lo que hace apenas nada nos parecería inconcebible. Y así sucedió y, hoy en día, sigue sucediendo. Cada mañana nos despertamos con una noticia más loca que la anterior, como si el mundo hubiese sido colonizado por un ejército de psicópatas que piensan poner patas arriba todos los consensos que nos habíamos sabido dar hasta aquí. Tal vez ya es tarde para detener esta carrera hacia el abismo, pero entonces, cuando recién asomaban la patita, yo pensé que aún se podría detener. Y que, si yo humildemente podía hacer algo, ¿cómo me iba a quedar tranquila en casa con mi trabajo sin arriesgar en lo personal cuando sentía con tanta claridad el peligro social y generalizado que se avecinaba? Cada uno es como es.

Por eso no dudé demasiado cuando me propusieron ser candidata, cabeza de lista por mi provincia, para las elecciones generales de 2023. Una provincia, además, de las más castigadas por la despoblación y el olvido. Tanto que, al ritmo actual, León se quedaría desierto en poco más de seis décadas: una sangría brutal. Según el INE, se pierden de media diecinueve personas al día, que son más de siete mil personas por año. Sentí que tenía la misión de tratar de cambiar eso en la medida de mis posibilidades: ya lo había hecho decidiendo construir mi casa sobre la antigua huerta de mis abuelos en una aldea de menos de cien habitantes, pero ¿qué es un caso inspirador aislado contra la posibilidad de tejer políticas públicas que hagan que más gente vea mi vida no solo como algo hermoso a imitar, sino como una posibilidad real de futuro que encima le acabe por dar la vuelta a la tendencia clara del flujo de despoblación?

Probablemente calculé mal todo lo que eso conllevaría para mí. En aquel momento, yo les interesaba porque sabía comunicar, era una intelectual valorada, con varios libros publicados y muy querida en mi entorno y allá donde me invitaban a hablar de aquello que argumentaba en mis ensayos. Lo hacía, y lo hago, con una convicción genuina que, sin duda, conectaba con la gente: mi propósito era, y es, auténtico y, por eso mismo, la conexión pasional real con la gente se daba. Pero generar esos lazos de inspiración es difícil para la política partidaria: se asume mal por el resto. No ser militante es lo peor que te puede pasar. Yo, sencillamente, era y soy una escritora independiente, con pensamiento propio, tal vez aún con buena imagen, mujer, joven aún y pegada al territorio. Alguien que tras la crisis de 2008 había tenido que largarse a buscarse la vida muy lejos de casa, lo había logrado y, una vez hecho, había decidido volver para llenar de futuro una tierra que todo el mundo daba por muerta: la mía, la de mis abuelos, la de mi alma. Mis hechos hablaban por mí, ni siquiera debía argumentarlos. Una joya para incluir en un cartel electoral, pero no tanto para competir después con ella en un hipotético reparto de poder, como así sucedió una vez conseguida la investidura de Pedro Sánchez, el 16 de noviembre de 2023.

A partir de ese día y con propuestas de todo tipo dirigidas a mi propósito político, el reequilibrio territorial, me pasé meses tratando de articular ideas que amalgamaran el poder ejecutivo que teníamos para crear lazos entre ministerios afines y lograr activar un modelo que asimismo dotara de sentido a la noción de Grupo Plurinacional que Sumar intentó crear a nivel parlamentario. Hice una propuesta específica de vertebración del territorio, se me propuso por ello una jefatura de gabinete en un área acorde a los temas en los que venía trabajando, pero que finalmente se esfumó por arte de magia. Cuando ya estaba moribunda creyendo que nada de lo que estaba intentando le interesaba a nadie dentro del espacio político en el que me había metido, Yolanda Díaz me volvió a llamar como si no pasara nada. Aquel día yo iba en un tren, en esos viajes que hice cientos de veces entre Madrid y mi pueblo. Vi que su nombre aparecía en la pantalla y no respondí para no molestar a los demás pasajeros. Tan pronto dejó de vibrar, le envié un mensaje y le dije que estaba en el tren, que en qué me necesitaba, que llegaría en apenas una hora y la podía llamar de vuelta. Prefirió enviarme un mensaje, en su tono aparentemente amable y desenfadado de siempre a través de Telegram, en el que me pedía sumarme en la ejecutiva del partido a cargo de «algo» vinculado al medio rural. Pensé un rato antes de responder. Le escribí un mensaje a corazón abierto en el que le explicaba dos cosas: una, que no tenía energía alguna para ejercer ningún cargo en la ejecutiva porque lo estaba pasando realmente mal, y dos, que ya había hablado con su anterior jefe de gabinete, que coordinaba, o intentaba, poner en pie esa amalgama extraña que trataba de ser el nuevo partido. Le había hecho una propuesta concreta para articular mi estrategia de vertebración territorial, mi propósito político, la razón por la que acepté, aquello sobre lo que no se me dejaba hacer nada, probablemente porque nuestras zonas olvidadas no tienen ningún interés para un partido cuyos votos están en los grandes centros urbanos. Un error, según mi punto de vista. Pero en ese instante yo ya solo podía tratar de no caer en un pozo personal. Para entonces estaba destruida y apenas me podía levantar de la cama, y, gracias a algunos amigos, lo que había logrado era volver a publicar una novela como modo de reorientar mis pasos y salir de la depresión que me estaba acechando, tan perdida como estaba, tan alejada de lo que yo era antes de meterme a intentar cambiar las cosas desde la política: escritora.

Me negué a la demanda porque sabía que darme un puesto en un partido que no era tal no servía para nada más que para volver a convertirme en un señuelo, usar de nuevo mi cara para algo que yo sentía que no había podido cumplir porque no tenía lugar en el proyecto que se estaba articulando. ¿Cómo podría mirar a mis vecinos a la cara estando a cargo de la responsabilidad de medio rural en la ejecutiva de un partido que da la espalda al campo constantemente, que ni siquiera lo escucha, que ni siquiera se esfuerza en entenderlo? Podría haberlo hecho y mantener un buen sueldo y aguantar el chaparrón, pero ¿cómo me iba a mirar al espejo después? Era inaceptable para mí y para la gente que había confiado en mi propuesta en la campaña. Aceptar estar en la ejecutiva a cargo de una quimera era un error. De hecho, ella misma se desvinculó del partido tras la debacle anunciada de las elecciones europeas.

Fue apenas unas semanas después cuando decidieron despedirme alegando razones económicas. Por supuesto que no fue ella quien me lo comunicó: la noticia de mi despido me llegó por un diputado y un técnico contable. Curiosamente, justo el tiempo reglamentario en el que yo ya no podía denunciar un despido improcedente, supe que iniciaron otra búsqueda laboral para mi ámbito de trabajo, pero eso sí, con sede en Madrid. La periferia molestaba, otra vez. Y yo, mientras tanto, me había quedado flotando en el vacío más absoluto y sin posibilidad de réplica. Un despido por Zoom, sin que ningún responsable político me diera explicaciones, una sencilla indemnización y, sin ni siquiera preocuparse de si yo tenía derecho a paro para subsistir: por ellos, evidentemente apenas nada, porque el periodo laboral no llegó ni a un año completo, pero eso, por lo visto, les daba igual. Fueron meses largos y dolorosos, de silencio y rabia que solo podía contener para evitar un mal mayor. Si puedo escribir hoy este libro es porque he vuelto al ruedo y estoy plena: me reconstruí y logré que mi trayectoria profesional fuese otra vez valorada, además de aferrarme a un proyecto propio que, en realidad, está muy relacionado con mi propósito político: escuelasavia.com. Pero eso lo sé ahora: entonces solo la nada estaba por delante de mis ojos.

En el momento en que decidí aceptar meterme en una campaña política nacional supe que debía renunciar a mi trabajo de esa época: era coordinadora de un máster en edición en una universidad privada. No me pareció coherente mantener esa relación laboral en *stand by* mientras defendía un ideario que, entre otras cosas, cargaba contra ese tipo de instituciones educativas. Muchos me dijeron que estaba loca, y probablemente tenían razón. Conseguir aquel trabajo no había sido nada fácil para mí. Hay que tener en cuenta que yo ya había tenido que emigrar, concretamente a Buenos Aires, para desarrollarme profesionalmente en 2013. Volver a España solo fue posible porque logré esa relación laboral que me permitía, además, cumplir mi cometido sin necesidad de moverme de mi tierra porque las labores eran todas *online*. Lo que hace la gente prudente en estas situaciones, al menos en España, es pedir una excedencia para, si vienen mal dadas, poder volver. No fue mi caso. Por lo que, cuando todo se desvaneció, me quedé flotando en el vacío y la angustia se hizo cargo de mí. Por otro lado, estaba agotada.

Desde que empezó la campaña llevé a cabo una entrega descomunal. No fue fácil porque, aparte de todo el trabajo de investigación previo, había que lidiar con presentarse por un partido como Sumar en un territorio como el mío. Los carteles con mi cara fueron arrancados con saña en mi propio pueblo: esto es, una aldea de menos de cien personas. Aún hoy mucha gente me sigue mirando con desprecio. La mayoría no, porque saben que mi paso por aquel proceso no fue otro que tratar de mejorar nuestras condiciones de vida en estas zonas de olvido. Pero impresionaba ver cómo, otras veces, en León capital, por ejemplo, mi cara aparecía intervenida con insultos de comunista, sin ser yo nada de eso, por cierto. Mientras aguantaba todo ese chaparrón, no aflojábamos. Habíamos diseñado una campaña que no se había visto en mi provincia jamás. Para empezar, hicimos inteligencia electoral: estudiamos cada una de las partes de la provincia, la estadística, los números posibles y los deseables. También investigamos sobre cuáles eran los mayores dolores de la gente que aquí habitaba y medimos, en ese sentido, cuáles eran los adversarios que nos podrían causar más daño o competencia directa. Y armamos un argumentario acorde que yo me apuré a defender con mucha facilidad, porque era mi objetivo político y no debía impostar nada: rescatar del olvido esta tierra, convertir las ruinas en esperanza de futuro. Aunque pareciera hermoso, éramos muy conscientes de la dificultad. Sabíamos que ganar era una misión imposible, pero no lo era despertar una ilusión que hacía mucho tiempo que estaba apagada entre los más frustrados y que había un objetivo mucho más alcanzable: que VOX no entrase. Y eso sí lo logramos. El candidato a diputado por León no logró sumar lo suficiente para tener un escaño en el Congreso esta vez. León aportaba entonces un 50 % de PP y otro de PSOE. Pero llegar hasta ese punto, no fue sencillo.

Cuando te pones el traje de política aparecen mil demonios. Para empezar, los periodistas que hasta hacía cinco minutos me trataban con respeto y cierta admiración se pusieron a la defensiva. Supongo que porque una de las razones que más molestó era que mi discurso se acercaba bastante a lo que el partido regionalista que cada vez tiene más poder, UPL (Unión del Pueblo Leonés), defiende. De hecho, más de una vez me los crucé por los mercados en la campaña y no hice otra cosa que abrazarlos porque sí, luchamos por los mismos dolores, aunque, por mi condición migrante, nunca he pensado que la solución sea cerrarse en uno mismo, sino aliarse con otros con heridas similares y hacer un frente común para que la España olvidada deje de serlo a nivel nacional, no solo regional. Pero, para muchos periodistas, yo era una advenediza en el terreno puramente político, y, es normal, la desconfianza se notaba. Siempre que podían me preguntaban de manera punzante y dolorosa y, aunque les fascinaba que de repente alguien pudiera contestar con tanta solvencia comunicativa, les molestaba mi cambio de rol. Y esto, claro, es una generalización, porque no se puede cortar por el mismo patrón a todo el mundo: también hubo gente del sector que fue amable, y mucho. Pero, en cualquier caso, el sesgo ya era otro y yo empecé a sentir mucha ansiedad. Para empezar, salía de un trabajo en el que fundamentalmente pasaba el día sola, en silencio, lidiando con mis pensamientos y haciéndome preguntas que me contestaba yo misma sin tener que ponerlas en duda con nadie. Soy escritora: ese es mi hábitat natural. De un día para otro estaba expuesta al pueblo: gente y gente que quería hablar conmigo y pedirme todo lo que necesitaba, como si yo tuviera la capacidad real de modificar algo cuando aún ni siquiera había sido votada.

La campaña que hicimos, en gran medida, iba de eso. Diseñamos una estrategia vinculada con la idea de los inicios de Sumar que denominamos: «La política te escucha». Y era tal cual así. Consistía en ubicarnos con dos sillas, una para mí, «la política», y otra para el ciudadano/a que quisiera pasar a contarme cuáles eran sus deseos, sus dificultades, sus esperanzas. Eso me desgastó profundamente porque no tenía práctica en lo que los políticos de carrera entrenan cada día: aparentar interés genuino y cercanía, pero ser lo suficientemente fríos como para olvidar después todo lo que no pueden hacer por esa gente. No por nada, sino porque es humanamente insostenible cargar con semejante responsabilidad de manera constante. Yo, sin embargo, sufría por mi impotencia. Por sus dolores que, sin duda, eran también los míos. Si yo había decidido quedarme pegada a mi tierra era porque realmente transitaba por mi piel todo aquello que nos hiere y, al mismo tiempo, nos fortalece para seguir resistiendo aquí. Yo era, aún, una de ellos: era pueblo. Y esa, en principio, era la idea de Sumar. Pero en política partidaria todo se acaba desvaneciendo en aras de lo que supone la mezcla imposible entre poder y ser humano: la ambición desmedida.

Y, cuando viví de cerca los privilegios del poder, me di cuenta de que era lo más normal del mundo. Solo te salva tener una raíz fuerte a la que aferrarte: yo me empeñé en seguir atada a ella. Y eso, seguramente, no me permitió medrar, pero sí volver, al cabo del tiempo, a reencontrarme conmigo ante el espejo y sentir paz y no desprecio hacia mí misma y la gente que había confiado en mí con su voto. Podía mirarlos a los ojos y ellos siguieron y siguen confiando en mí. Incluso los periodistas volvieron a tratarme con el cariño que me tenían antes, cuando era solo una escritora. Sé que la mayoría de las personas que se dedican a esto no pueden sostenerse la mirada y viven como adictos a la inercia que el poder impone: focos, luces, llamadas, con el telón de fondo de un pánico intermitente, porque, a fin de cuentas, saben que algún día todo ese espejismo se cubrirá de silencio, y entonces, ¿qué? Nada. Otro ocupará su lugar y, en la mayoría de los casos, serán pasto del olvido porque nadie recordará su labor. Así de ingrata es la política también.

Yo, a decir verdad, justifiqué durante mucho tiempo el pánico soterrado en los ojos de quien debía liderar un proyecto tan complejo. Pero no todo vale. Para bien o para mal, ningún cargo me asusta lo suficiente como para tolerar el malestar y el olvido de las causas que me llevaron hasta ese lugar. Y por eso, supongo, fui capaz de decir no a su petición de estar en la ejecutiva. La consecuencia, deduzco, fue mi despido y el silencio impuesto sobre mí. Como nadie tuvo la deferencia de contarme las explicaciones concretas, solo puedo inferir esto por la concatenación de hechos que me llevó hasta ese desenlace.

# 3
# Estupefacción y temblores

«Cosas veredes, Sancho, que farán fablar las piedras».

El hecho de ser despedida por quien supuestamente es la mayor defensora de las clases trabajadoras, en unas condiciones como las que yo me quedaba después de haberlo dado todo por intentarlo, fue muy difícil de gestionar para mí. Primero por el *shock* y segundo por la situación de vulnerabilidad en la que me dejaba. No importó en absoluto que hubiera dado la cara y dejado todo, ni que mi compañero entonces hubiera hecho lo mismo para cargarse al hombro una campaña electoral en una provincia complicadísima casi en tiempo de descuento. Aquello pulverizó doce años de matrimonio. Es importante que entendamos cómo la política partidaria puede romper situaciones particulares sin miramientos. La pregunta es, si son capaces de matar así sin medir las consecuencias, ¿cómo podemos creer que de verdad quieran ayudar a quienes desconocen absolutamente, es decir, al pueblo? Creo que esa manera de relacionarse en lo personal tiene un correlato también en lo que se transmite a quienes se deben sentir representados por ese tipo de gente.

Si lo personal es político, ¿hasta qué punto la crueldad es un ejercicio necesario dentro de la alta política? Seguramente lo sea, porque se debe ser audaz y cortar por lo sano aquello que se cree que puede dañar algo mayor, el proyecto político; sin embargo, ¿no carece de sentido la causa principal que pone a la maquinaria en marcha? Y, más aún, ¿no debería ser la izquierda quien más contención pusiera en cuidar a quienes la protegen en vez de pulverizarlos sin remordimiento alguno cuando no guardan obediencia ciega? Yo soy maragata, es decir, procedo de la comarca de la Maragatería, en León. De nosotros cuenta la historia que somos tan nobles que los reyes nos confiaban sus mayores tesoros para que los transportásemos por el territorio con nuestros carros, seguros de que daríamos la vida antes que perder la misión que se nos hubiese encomendado. Algo de esa sangre debe correr por mis venas, porque lo que hice después de semejante desolación no fue correr a contarlo y destrozar el proyecto, sino callar y guardar silencio por un bien mayor: el de contener el movimiento político en el que un día había creído. Pero, lamentablemente, otros tendrían menos respeto y ahondarían aún más en una herida que supura desde hace demasiado tiempo. Y ha sido nefasto, tanto que la bajada en el número de diputados que obtuvo Sumar en 2023 se avecina estrepitosa, según las encuestas que se conocen.

Cuando, meses después a mi salida, toda España asistió al espectáculo de la caída de Íñigo Errejón, imaginé que ese desencanto brutal que yo había vivido en primera persona en soledad le estaba ahora ocurriendo a la vez a una masa de creyentes que no podían entender cómo el que parecía más listo y ponderado de todos se convertía de la noche a la mañana en un presunto depredador sexual. A decir verdad, él era el responsable último de mi cargo, y no movió un dedo por salvarme el cuello. Cuando Sumar se constituyó finalmente como partido político, su rol fue el de responsable de discurso, área a la que yo estaba adscrita por el contrato que firmé en su momento. Pero qué más le daba a él si ya estaba acostumbrado a la cacería política. Mis compañeros redactaron un escrito que le hicieron llegar mostrando su disconformidad con mi despido. Nada más. Solo silencio. Hasta que él mismo se defenestró presa de su propia contradicción interna y de su soberbia.

Su caída fue fruto, sobre todo, de algo que él mismo ya había trabajado como prologuista del libro de Ignacio Sánchez Cuenca titulado *La superioridad moral de la izquierda*. No se puede ser tajante con los demás todo el tiempo poniéndote por encima como si no tuvieras nada que ocultar jamás, porque tu supuesta pureza te exime de todo error. Bienvenido al mundo de los humanos que se equivocan, que actúan como pueden tras la presión que implica ser mediático y lidiar cada día con una persona más fuerte que tú que, tal vez, no se parece nada a la persona que creías que eras. Estoy totalmente en contra de atizar en manadas populares a nadie sin un juicio justo, incluso contra alguien que a mí me hizo un daño particular, pero Íñigo Errejón cayó en su propia trampa. La soberbia es también un pecado mortal, y su carta de reacción que, con seguridad, no consultó con nadie y que publicó en otra de las grandes confusiones de este tiempo, las redes sociales, lo dinamitó. Pero es que, además, él era alguien que ya había alardeado del escrache, de no poner jamás en duda lo que una persona dijese si esa persona era una mujer. Y creo que es un error pensar que el hecho de ser mujer te da una credibilidad mayor y te exime de toda responsabilidad, aunque sea cierto que este mundo, lamentablemente, está dominado por hombres y que, tras tantísimos siglos de apartamiento, de algún modo tenemos que aliarnos para que se nos respete como mujeres.

En el juego de poder de la política, ser mujer es, como en casi todos los mundos, una desventaja enorme. Los hombres, en principio, siempre tienen razón y no tienen por qué demostrar nada. Pero tú, querida, sí: tú tienes que demostrar todo el tiempo por qué estás donde estás, por qué lo que tú dices tiene el mismo valor, por qué te vistes de tal o cual color o si el escote que llevas es demasiado profundo o, al revés, eres una recatada insufrible. Y porque, en el fondo, en el imaginario colectivo sigue muy presente esta idea: que si llegas a un puesto de poder y lo haces con las mismas estrategias que pueda tener un hombre, sobre ti siempre va a pesar la duda de si lo hiciste porque lograste acostarte con la persona correcta y no porque valías para el lugar que supiste alcanzar.

Y sobre este eje del feminismo entendido de maneras tan diversas, sin reconocer explícitamente lo avanzando hasta entonces por madres y abuelas, se gestó el problema con mayúsculas. Sobre él pivotó en gran medida una de las escisiones más importantes que protagonizó Irene Montero en su paso por el Ministerio de Igualdad y que, después, Yolanda Díaz no supo transformar a su favor para convertir el feminismo en un estandarte de libertad para todos y todas, reconociendo lo que otras generaciones ya habían avanzado antes, sino en una batalla que solo daña y nos hace retroceder. Porque la reacción ha sido brutal. Y no es solo un caso de España, pero es cierto que aquí el eje vertebrador de este cisma capital de la izquierda pasó a la vez por el divorcio entre hermanas que supuso la creación de Sumar tras el auge y caída de Podemos. Un desastre personal, pero, sobre todo, político y nacional, porque esa ruptura dificulta enormemente que la izquierda pueda mantener el Gobierno en España en las actuales circunstancias electorales. Y del otro lado, ya lo dije antes, la extrema derecha avanza sin tener que detenerse en los pelos y señales de cada cosa que hoy defiende y, quizás, si mañana ya no le conviene, no. De nuevo, la rigidez de la izquierda destruye toda posibilidad de flexibilidad en un mundo en el que la única forma de sobrevivir es ser, al mismo tiempo, sólido y adaptable: ser junco. Pero la izquierda «transformadora» no se lo permite: ha creado su propio régimen moral que la devasta y gira en falso constantemente sin saber cómo salir de ese laberinto absurdo.

Visto de este modo es obvio que lo personal es político y que, si lo que queremos es ejercitar la política desde los cuidados, lo primero que debemos aprender es a gestionar el conflicto interno y a cuidar a quienes nos cuidan y no a machacar sistemáticamente a quienes nos dicen que podemos cometer errores y que, en efecto, los estamos cometiendo.

Hay que soportar la crítica, como en la vida misma, porque, como dice el dicho, «quien bien te quiere te hará llorar». Quienes solo dan palmas te proporcionarán el calor que necesitas atravesando la tormenta, pero no te salvarán de las siguientes tempestades. De nada sirve tener asesores que aplaudan si no tienes también otros que te pongan frente a tus contradicciones y te adviertan del peligro. De nada sirve si tu soberbia te ciega. Y eso, en gran medida, es lo que pasó. Y pasa.

# 4
# Regenerarse o morir

> «De alguna manera, veía con pena cómo ese movimiento político nuevo empezaba a estar teñido de lo que parece que adolece todo partido: del sectarismo, desde la capillita dirigente que busca por encima de todo la homogeneización del discurso bajo su batuta»[1].
>
> MANUELA CARMENA, *Imaginar la vida*

He oído a varios alcaldes de pueblos pequeños confesarme que el partido, da igual al que pertenezcan, les recuerda que si están ahí es exclusivamente por pertenecer al mismo. Sin embargo, quienes vivimos en zonas casi deshabitadas sabemos que esto no es así. Se vota a la persona, no al partido, y eso solo ocurre cuando vives en sistemas donde la cercanía permite confiar o no día a día en la persona que tienes delante. Le puedes exigir una demostración constante de su compromiso porque la cotidianeidad en luga-

---

[1] Manuela Carmena, *Imaginar la vida. Cuatro décadas transformando lo público*, Barcelona, Península, 2025, pp. 348-349.

res en los que hay que sobrevivir, a veces sin mayores recursos, implica una prueba de fuego de confianza. El poder se ejerce desde el llano y esa diferencia es fundamental.

A un nivel más alto, Manuela Carmena, que fue alcaldesa de Madrid a pesar de que parecía imposible, salió también escaldada de lo que la política partidaria pretendía hacer con ella. Por supuesto, no se dejó y, de hecho, trató de generar un relato de cuidado en torno a su equipo y los suyos. Creció en torno a las famosas magdalenas, la idea de la abuelita cuidadora que trataba de contener, aunque, obviamente, ninguna abuelita desvalida llega donde ella llegó y es capaz de poner autoridad donde debe ponerla y cuando debe hacerlo.

La recuerdo con mucho cariño cuando, en medio de mi campaña, coincidimos en una mesa redonda en el palacio de la Magdalena en Santander, en unos cursos organizados por la Universidad Internacional Menéndez Pelayo. Mi adversaria directa en aquel momento, una mujer jovencísima que podría quedarse fuera si yo partía el voto, me dijo tras bambalinas que ni lo intentara, que no iba a conseguir nada, con una sonrisa en la boca que me congeló el corazón. Carmena, en cambio, me agarró la mano y me dijo que lo estaba haciendo muy bien, que no me rindiera. Ese gesto fugaz, en medio de todos los viajes que en aquel momento llevaba encima y la exposición tremenda a la que estaba sometida de repente, me ayudó a seguir. Así que cuando hablo de cuidados también me refiero a esta gestualidad amable que identifica a quienes estamos del mismo lado posicionados como aliados y no adversarios, porque, al fin y al cabo, el enemigo, al menos para mí, siempre fue el mismo: la extrema derecha en las instituciones y no que una persona particular corriera el riesgo de perder un escaño al que no le interesaba renunciar porque su vida, tal vez, quién sabe, sería menos apetecible.

Carmena ha sugerido muchas veces que debería cambiarse el sistema de democracia interna de los partidos. En el fondo, es la lucha constante por no apalancarse en el poder y lo que las luces y las cámaras emanan: ceguera y ambición que no solo destruye vidas personales, sino que puede hacer tomar decisiones políticas erróneas por la alucinación que implica tratar de mantenerse a toda costa. Hay animales políticos que no se ciegan y son capaces de una audacia espectacular: en los últimos años es evidente que Pedro Sánchez ha dado buena muestra de ello. Y esa forma de ejercer la política como si se tratase de un partido de baloncesto es lo que le ha permitido conservar el poder durante tanto tiempo y atravesando, además, tantísimas crisis. Las plumas que se han perdido por el camino son muchas y dañinas a niveles que es difícil ponderar: el cieno llegó y arrasó. Sería absurdo decir que la política no tiene costes: los tiene, siempre, y se trata de evaluar de forma constante beneficios y pérdidas y tomar decisiones ágiles, cada vez más ágiles, como cuando estás a punto de que te piten zona y tienes que marcarte un mate o salir a intentar un triple que te vuelva a meter en el partido. Un poco de eso hay en estos tiempos vertiginosos, y quien no sabe moverse en esa cancha, muere.

No creo que haya que ser una hermana de la caridad para ejercer el poder. Creo, de hecho, que es inviable llevarlo a cabo desde esa concepción. Lo que sí opino es que es imprescindible encontrar el equilibrio entre los cuidados en lo personal —porque, si no, también esos «compañeros de partido» se te pueden volver en contra y destruirte, a no ser que seas capaz de anularlos sin fleco alguno, cosa cada vez más difícil en este mundo hiperconectado y pleno, por tanto, de peligros imposibles de contener— y la audacia que implica, sí, cortar cabezas cuando haya que segarlas por un bien mayor. Pero hay que cortarlas cuidando los flecos: no dejando a la intemperie total a quien un día estuvo contigo. Es de primero de política, aunque no todo el mundo lo tiene claro, es obvio. Y no es algo que deba ejecutarse así por el mantenimiento mismo del poder, sino por un objetivo ulterior que trasciende la situación personal y se eleva hacia lo que debe ser la buena política: transformar la vida de la gente para mejor y hacerlo a través del arte de lo posible, sin trompicones ni ansiedad, porque nada que se modifique abruptamente será bien aceptado por un conjunto social que siempre es diverso, contradictorio y vulnerable a los cambios de paradigma.

Las democracias tal y como las conocíamos están pasando por un evidente momento de crisis. Y es posible que esa crisis venga justamente de la falta de credibilidad en quienes las llevan adelante desde la alta política. Sus miembros aparecen desconectados de la calle y se perciben como seres incapaces de registrar el dolor real que implica que los números vayan bien para la macroeconomía, pero en franco retroceso para una inmensa minoría que, hasta hace muy poco, como es el caso de España, vivía razonablemente cómoda. Democracia es etimológicamente, ya lo sabemos, el poder del pueblo; sin embargo, es evidente que el pueblo siente que no tiene en absoluto ese poder y que no le sirve ya sencillamente votar cada cuatro años y olvidarse y confiar. Porque no confía. No cree. Ha perdido la fe en la política que ordenaba la vida social y pública.

Los políticos siguen queriendo pensar que el pueblo les escucha, pero cada vez lo hace menos. La influencia no se ejerce desde los Parlamentos, sino desde las pantallas o desde la calle misma, donde reina la soledad, el miedo y la frustración. En esa incomunicación tan sencilla se generan monstruos, porque, como dije desde el inicio de este libro, todo ser humano necesita creer, y más aún en momentos de crisis sistemáticas y transversales como el que estamos viviendo. No hay respuestas para los grandes desafíos de este tiempo y las que hay se anclan en nociones del pasado, obsoletas, que no convencen a casi nadie. Entonces, ¿cómo podemos regenerar un sistema democrático en crisis si aún creemos que es el mejor de los posibles?

# 5
# La aristocracia obrera

> «No se pide más que lo que está en sus manos: que se luche por la dignidad de cualquier ser humano».
>
> VALERIA CASTRO, «Al borde del mundo».

Es bien difícil que los focos no cieguen. Que los despachos inmensos y los coches oficiales no te nublen la voluntad. Que los reservados en los mejores restaurantes no te interesen. Que no te desequilibre que la gente te mire con el deseo evidente de estar en tu lugar. Y aquí se crea un gran dilema. Después de haber pasado por ahí, creo que quienes están acostumbrados a ese mundo de privilegio se llevan mejor con las alturas y, por tanto, todo lo que esto implica les vapulea mucho menos que a los recién llegados. Los nuevos ricos de la política institucional que, de no tener esos sueldos públicos, probablemente trabajarían en cualquier lugar precario como todo hijo de vecino en España: ¿cómo entonces no matar hasta a tu madre si es necesario por mantener tus recién descubiertos privilegios?

Este es uno de los grandes dilemas de la política. Hay un perfil de quien entra a ella por voluntad de cambiar las cosas porque viene de un lugar en el que nunca pudo hacerlo, pero se transforma al convertirse en profesional y pierde el norte. No es general, pero sí bastante común. Y, como contrapunto, existe el que está habituado a las esferas del poder y sabe cómo manejarse de un modo natural y, por otra parte, no teme en el fondo perder su sustento porque ya lo tiene de base. Esto, sin duda, otorga una libertad de movimiento mayor, aunque, a su vez, dificulta la posibilidad de que «los otros», los que históricamente no pertenecían a esta realidad, se integren y puedan aprovechar de manera sosegada y cabal su paso por el ejercicio del poder por el bien del pueblo del que proceden.

Una vez que fui despedida, apenas recibí la llamada de algunos compañeros de mi equipo que, muy rápidamente, se desvanecieron. Fueron meses y meses de un silencio sepulcral, porque yo, de repente, estaba muerta. Y, encima, olvidada, puesto que mi decisión precisamente había sido no abandonar mi tierra, una tierra ya de por sí sumida en el abandono. Lejos de Madrid, de los focos, de los lugares en los que puedes cruzarte y transpirar por si la situación se pone complicada. Un día que había viajado a Madrid por algún evento relacionado con mi actividad como conferenciante y escritora, ya no lo recuerdo, me crucé por Tribunal con una persona de la ejecutiva del partido que trató de no reconocerme, pero no le dejé. La saludé, le pregunté cómo estaba y ella me consultó lo mismo: le dije que me habían despedido y que era raro que no lo supiera. Ay, es que está todo muy mal, replicó. Ya, pero meses después iniciaron una búsqueda laboral para ocupar mi puesto, lo cual es curioso porque la causa de mi despido se alegaba por falta de solvencia económica. El chiquillo que tuvo que pasar el trago de comunicármelo por videollamada temblaba como un flan; por el contrario, el diputado que le acompañaba en pantalla mantenía una cara de piedra infame: al que lo estaba pasando tan mal, yo le dije que se tranquilizara, que esto no iba con él, que era política. Y ya está. ¿No me llegaron oportunidades de poner contra las cuerdas con abogadas laboralistas a la mayor abogada laboralista del país? Sí. Pero, en realidad, es bien difícil matar a un muerto y, en aquel momento, aún podía hacer un daño mayor que a mí misma. La coalición continuaba y no me pareció respetuoso dañar a una organización de izquierda. Entendí que se trataba de una cuestión personal que a mí me devastaba, sí, pero que una demanda de este tipo podría distribuir el daño y hacer que mucha gente que confiaba aún en el proyecto dejase de hacerlo cuando pasaba por horas bajas. Decidí no sacarlo del ámbito personal y así no contribuir a minarlo. Así que me tragué el dolor y la rabia y traté de seguir con mi vida. No fue fácil.

Como estoy acostumbrada a caerme y a levantarme, pasé un periodo terrorífico de incertidumbre, miedo y remordimiento, pero, mientras tanto, supe aparentar firmeza y lo hice volviendo a mis armas naturales: la literatura. Acababa de publicar al fin mi primera novela, *Hijas de nadie*, que, para mi sorpresa, se recibió como una novela política. O más bien puede que sucediera porque yo no sé comunicar si no es desde el punto de vista político, y en todas las presentaciones acababa abordando el análisis crítico del libro desde ese ángulo. En *Hijas de nadie* hay, entre otras cosas, dos mujeres desarraigadas que tratan de buscar consuelo la una en la otra para poder reconstruirse y dejar de sufrir por lo que no pudo ser. De alguna manera, ese desarraigo es algo que todos los que nos hemos tenido que ir de nuestra tierra obligadamente para buscar un futuro mejor lejos de casa llevamos grabado a fuego en la piel. Y yo, habiendo encontrado la forma de volver, con aquel trabajo *online* en la universidad que me permitía estar en mi valle sin dejar por ello de desarrollarme profesionalmente, lo había dinamitado confiando en poder realizar un camino político que tuviese una influencia mayor. Es decir, no solo procurando ir más allá de mis conferencias inspiradoras sobre cómo el medio rural en España es una oportunidad de futuro, sino tratando de hacerlo a través del diseño de políticas públicas que hicieran posible lo que parecía impensable.

El caso es que, a ninguno de mis compañeros, técnicos, asesores, diputados, altos cargos, que hasta hacía dos minutos eran amables y admiraban mi trabajo, se les ocurrió seguir en conversación fluida conmigo. Había sido desechada, eliminada, por algo no era bienvenida y, de este modo, si no quieres mancharte, lo mejor es apartarte. Pero esa actitud, inevitablemente, me hizo preguntarme algo mucho más profundo. ¿Si estuviésemos en una dictadura, estos serían mis compañeros? ¿Esta gente aguantaría torturas sin delatar a sus aliados? Qué miedo, miedo por los nuestros, por el temor que nos han infundido por el simple hecho de mantener un buen sueldo en medio de un mar de precariedad e incertidumbre. Parece que eso resulta más aleccionador hoy que la propia tortura que, tal vez, hemos olvidado, pero siempre existió, existe y existirá como elemento de chantaje en según qué circunstancias. *Hijas de nadie*, de hecho, comienza con la escena de un interrogatorio brutal.

La política en el ámbito de una democracia como la que aún mantenemos hoy se teje, nos guste o no, a partir del intercambio de favores. Se compran voluntades con puestos y se valora la fidelidad hasta el punto de que puede llegar a crear compañeros inútiles: si todo está bien, no hay nada en lo que discrepar, y si no discrepas, quizás no seas un buen profesional, pero sí es más probable que asegures tu sueldo, tu puesto de trabajo, tu acomodo futuro si vienen mal dadas. ¿Podemos tachar a alguien de traidor por eso? Yo diría que sí. De nuevo, quien entra en política, algo tan complejo y de tan alta responsabilidad diaria, debería hacerlo desde la convicción plena de estar ahí por unos valores democráticos y no por tener una vida mejor: la suya propia.

Vi, en aquellos días, a compañeros y compañeras que pasaban sus horas enganchados a la pantalla del teléfono, más atentos a la batalla que sucedía en lo que entonces era Twitter que a investigar sobre los dolores reales de la calle. No hay cerebro humano que aguante con lucidez un estímulo constante que no deja espacio alguno a la reflexión sosegada y a la calma necesaria para tomar decisiones adecuadas. La mayoría de los equipos de trabajo estaban formados por gente muy joven que, según mi punto de vista, debería haberse compensado con otros perfiles más *senior* con experiencia en diferentes ámbitos o, sin ir más lejos, en la vida misma. Muchos caían en una inocencia desmesurada, en un ilusionismo salvaje que, a mí, a medida que pasaban los días, cada vez me pesaba más.

Pero, obviamente, nadie es perfecto, y mucho menos con las restricciones que operan hoy en el poder político. Sabemos, es un hecho, que hay otras fuerzas que tienen cada día más capacidad de transformar que lo que puede un Estado: el dinero siempre fue un poderoso caballero, pero tal vez hoy, en este mundo que hemos dejado financierizar hasta el tuétano, mucho más. La impotencia, en el fondo, es grande, y los Estados y sus Gobiernos tratan de sobrevivir con relatos grandiosos y golpes de efecto que disimulen su propia frustración. Y en ese baile se cometen bastantes errores que, por supuesto, otros utilizarán. Veamos cómo.

# 6
# El desprecio de las periferias

> «Podríamos aceptar de una vez / que estamos muertos / pero nuestras huellas en el paisaje / nunca os mentirán […] Quedarán nuestras cenizas / en los lugares que ahora / designáis como zonas de sacrificio»[1].
>
> María Sánchez, *Fuego la sed.*

La campaña de VOX para la Junta de Castilla y León tenía una palabra clave y un personaje fuerte detrás que aparecía como un salvador con capacidad para hacernos resurgir. La palabra no era compleja ni rebuscada, pero sí impactaba en el centro de lo que dolía en las zonas en las que el olvido ha hecho su trabajo durante décadas. Tierra yerma de oportunidades, territorio de salida, abandono y bajísima autoestima. Contra todo ello, la palabra mágica era la que ellos eligieron: SIEMBRA. Resurgir desde la tierra, poner semillas para que por fin algo cambie, confiar, otra

---

[1] María Sánchez, *Fuego la sed*, Barcelona, La Bella Varsovia, 2024, p. 49.

vez, en quien parece ser distinto a lo que veníamos teniendo durante tantos años. A decir verdad, el Gobierno de derechas en mi zona tiene tantos años como los que tengo yo: más de treinta y cinco lleva gobernando la Junta de Castilla y León.

Este hecho de que la extrema derecha decidiese arraigar en España desde las zonas periféricas, no solo de las grandes capitales, sino del país en su conjunto, no es una casualidad. Es una estrategia coordinada que estamos viendo de unos años hasta aquí. Steve Bannon, el ideólogo detrás de la campaña que hoy ha puesto en la Casa Blanca a un Donald Trump con un poder espectacular, no termina en su terreno, al contrario. Lo que fue la Internacional Socialista en otra época hoy deja de ser cara para convertirse en cruz. Hace mucho tiempo, mientras todo parecía estar controlado, que la reacción se viene organizando a nivel mundial y lo hace con el objetivo claro de desbancar los consensos que nos trajeron hasta este punto.

El caso del enfrentamiento entre el campo y la ciudad es una palanca narrativa que no solo se ha usado en España por la extrema derecha: el partido de Le Pen en Francia también se aupó en esta realidad y tiró de nostalgia para reavivar sentimientos de un pasado supuestamente mejor. Ese es un discurso peligroso en lo que refiere a la vida en el campo: no se trata de volver a él con ideas de otro tiempo, sino de regenerarlo con todas las oportunidades que ofrece el contexto actual y su proyección de futuro, que la hay, y es inevitable si queremos una vida posible en el planeta. Pero, más allá del campo, a lo que volveré más adelante con mayor profundidad, también estos estrategas del odio trabajan con otros dolores muy claros: los de los perdedores de la globalización. Todo cinturón industrial que hace apenas unas décadas era despilfarro y un cierto buen vivir se ha convertido en un cementerio de óxido y desdicha. Pasa en España y en muchas otras zonas del primer mundo. Mención especial, con respecto a nosotros y por lo que tiene que ver con el voto de izquierdas, merece el caso de las cuencas mineras donde se regó con dinero en pensiones para atenuar el final, pero nadie pensó en cómo reinventarse pasados los años para las nuevas generaciones que entonces eran apenas niños. Y ahí, de nuevo, hay una oportunidad, una posibilidad de reformular los términos del contrato social que nos hemos dado.

Porque hay algo de cierto aquí, y es que el sistema que tenemos da señales de agotamiento y nadie está queriendo enfrentarlo realmente. Solo quienes vienen a destruir, por tanto, parecen ser creíbles. Contra esto ¿nada se puede hacer? Estoy convencida de que sí, pero para encontrar las respuestas es importante identificar cómo lo hacen ellos, cómo han logrado, en esta etapa oscura, crear adhesiones y, por tanto, esperanza, aunque parezca paradójico. Que los más castigados voten por quienes menos los van a proteger es una circunstancia que se está dando a lo largo y ancho de las democracias liberales. La pregunta es por qué y cómo se logra esto. Cómo lo hacen.

El primer punto es determinar cuáles son los dolores de cada sociedad a la que se enfrentan, a la que tienen que conquistar. Es casi como un cortejo amoroso: te vas a enamorar de aquella persona en la que puedas proyectar aquello que te falta, que sientes que te puede completar para ser así feliz, o al menos tener la ilusión de que lo lograrás. De nuevo, no tiene mucho que ver con la realidad, sino con el deseo no satisfecho que tendemos a perseguir, el motor que pone en marcha a todos los personajes de una novela y, en consecuencia, a todos los seres humanos que tratamos de pasar por este mundo sintiéndonos lo mejor posible. Los votantes funcionamos igual. No se vota tanto con la razón, sino con el corazón. Y ahí está el arte de la comunicación política.

En este paso del siglo XX al XXI se generó una herida profunda que difícilmente vamos a poder cerrar y es una desconexión tajante con lo que somos de verdad: seres naturales, apegados a los ciclos de la tierra. El mundo rural que preserva ese mecanismo automático vive cada vez más desconectado del otro, el urbano, en el que todo lo vertiginoso arrastra con estímulos constantes, pero que, sin embargo, opera generando un vacío inconmensurable en la mayoría de los seres humanos. Los que viven en los focos no entienden bien qué ocurre, solo que cada día necesitan más para sentirse mejor y que, casi siempre que les dan una tregua, salen en desbandada a encontrarse con la naturaleza. Los que viven en el medio rural, por el contrario, se sienten desconsolados, sin valorar la potencia que poseen, y es normal, porque cada día, poco a poco, se les paga menos por su trabajo, se les relega a una representación de retraso en el imaginario colectivo. Lo que hace que todas las personas que tienen hijos en estas zonas les empujen a irse muy lejos para intentar ser mejores. No todas, claro, y puede que esta tendencia esté empezando a revertirse. Pero si lo hace no ha sido por lo que la izquierda «transformadora» ha generado, sino todo lo contrario: las han despreciado sin siquiera preocuparse de conocerlas en profundidad para poder prestarles ayuda o, digo más, usarlas en su provecho político. En el campo había un vacío que se podría haber aprovechado desde un ángulo opuesto al que se ha hecho. Y es terrible. Sumar podría haber sido un espacio en el que crecer allí donde el olvido se perpetraba, pero dejó que la extrema derecha lo hiciera.

La izquierda «transformadora» está muy alejada de las periferias porque no son sus votantes naturales y, por tanto, para qué luchar por ellos. No obstante, hay un cariz importante aquí que parecen haber olvidado o no querido escuchar: una gran mayoría de los votantes que sí residen donde se suma lo suficiente para tener un buen impacto electoral desde esa izquierda —Madrid y Barcelona, fundamentalmente y el arco Mediterráneo— parten de esa herida base. Son, en la mayoría de los casos, hijos de inmigrantes internos, porque en España, un país eminentemente agrícola durante tantos años, el trasvase de población de zonas rurales a urbanas en los años cincuenta y sesenta fue descomunal. La industrialización trajo consigo bienestar y progreso; en cambio, la economía financiera hilada con el auge desbocado de las nuevas tecnologías ha destrozado las esperanzas del tiempo lineal. No hay ya un futuro que se pueda proyectar: los padres no podrán soñar para sus hijos el progreso que ellos conquistaron, sencillamente, porque esto ya no va de superar etapas e ir abriendo puertas para mejorar tu modo de vida. El tiempo lineal que conocíamos se desintegró para dar lugar a un tiempo cíclico, más apegado, paradójicamente, a la naturaleza por un lado, pero también a las nuevas formas de comunicación y relaciones a través de las redes sociales donde el hipervínculo constante y la recurrencia y reafirmación de sesgos son ley.

Cuando hablo de periferia me puedo referir al campo, a lo que haré alusión con más detalle después, pero también hay que pensar en las periferias urbanas. La extrema derecha no empezó por el barrio de Salamanca de Madrid ni por Sarrià en Barcelona: empezó por el malestar de las ciudades. Las zonas obreras en las que hace demasiado tiempo que nadie se mete realmente a ver qué es lo que está pasando. Y lo que ocurre, de nuevo, es que la desesperanza campa a sus anchas. Que todo lo que era ya no es, que lo que podía haber sido no remonta y que el futuro que parecen ofrecerte quienes ostentan el poder está absolutamente alejado de tu cotidianeidad. Para ver eso es importante salir a la calle, no quedarse en los despachos o, al menos, obligar a los asesores a que no se queden en la comodidad de las altas esferas y que bajen, casi a modo de espías, a incomodarse con la realidad. Y luego, claro, escucharles.

Eso no ha sabido hacerlo la izquierda «transformadora», aunque tuvieron un año largo gestando un «proceso de escucha». Yo, de hecho, participé en uno de esos actos. Fue en Valladolid, apenas unos meses antes de que me llamasen para ser candidata. Fue la primera vez que sentí el fogonazo de los focos y la presión mediática que se nota cuando das la cara. Antes de entrar al escenario, salimos a la puerta del espacio donde íbamos a hablar para dar un canutazo a la prensa. Ella me agarró y me dijo, ponte cerca de mí; en realidad, yo soy muy tímida. Por qué no la iba a creer en aquel momento. Como maragata que soy, ya lo dije, me tomé el pedido como un desafío personal y me planté tipo escudo a su lado, tanto en el recorrido hacia la salida y vuelta al escenario, como ante las cámaras de televisión que nos esperaban fuera. Ahí empecé a darme cuenta de que la exposición podía ser lesiva, pero, una vez más, pensé que, en aquel momento, dar apoyo a quienes supuestamente luchaban contra la extrema derecha era vital. ¿Qué valía mi vida personal frente al avance de fuerzas que no respetaban los derechos humanos? A mí me valía poco comparativamente. Lo que no sabía era que no todos se tomaban ese objetivo como un proyecto común, sino más bien como palanca para mantener y profesionalizar su proyecto personal en política. Lo malo es que, encima, lo hacen mal: ni siquiera han sabido mantener la confianza que lograron después de aquella campaña de las generales de 2023 porque su estrategia es errónea.

En vez de investigar y explorar los dolores actuales, la izquierda «transformadora» ha repetido como un disco rayado los dolores de otro tiempo y ha asumido que tiene razón. Y el que no lo entienda es que es un poco limitado. Es curioso porque, pasados los años de esta actitud y del desvanecimiento del estado del bienestar tal y como lo conocíamos, lo que ha ocurrido es que la extrema derecha y sus postulados no están ya solo en la mayoría del campo español y en las periferias urbanas, sino que ya ha penetrado en la normalidad de los centros universitarios. *¿La rebeldía se volvió de derechas?*, como titulaba un ensayo excelente hace ya varios años el argentino Pablo Stefanoni, y ahora, podríamos decir más: no solo la rebeldía, sino la normalidad. Hoy lo habitual es ser de derechas, y no cualquier derecha, sino una radical, como solo se puede ser radical en la juventud.

# 7
# Caín y Abel se quedan cortos

> «Qué castigo merece quien encuentra / la llave de otra vida y sin usarla / la abandona. La dejamos / ahí / sobre la mesa, a la espera / de una mano con mejor pulso / a la espera de cualquier certeza / idiota. [...] Todo se hubiera podido / pero nadie usó la llave»[1].
>
> MACARENA TRIGO, *Perra inquietud*.

La tarde en la que Podemos decidió abandonar el Grupo Parlamentario de Sumar e irse al Grupo Mixto me di cuenta de que estaba en territorio comanche. Ni bien conocimos la noticia se nos convocó a un gabinete de crisis en el despacho del Ministerio de Trabajo y Economía Social, ese despacho inmenso en el que yo podría dormir en cualquier sofá y ver cómo la Castellana se estira y se encoge al ritmo del sol mientras se escuchan los juegos de los niños que se entretienen en los patios al salir del colegio. Recuer-

[1] Macarena Trigo, *Perra inquietud*, Buenos Aires, Halley Ed., 2023, p. 48.

do que la primera vez que entré, un domingo en el que teníamos que preparar con urgencia el discurso de la investidura, tuve que disimular mi fascinación. Ya había estado en Moncloa una vez, porque también se me había requerido en el equipo de discurso de la Presidencia tras mi trabajo *Flores en la basura*, pero nunca había estado en un despacho de semejantes dimensiones. Todo era grandilocuente y noble, con materiales que parecían desafiar al tiempo. La amabilidad de los funcionarios por los pasillos era de un servilismo casi místico o cercano a la realeza. Estaba desorientada, pero me sobrepuse y traté de concentrarme en el trabajo. Cuanto más fui, menos me impactó, como todas las cosas. Normalizar lo inédito es muy humano. El día de aquella reunión de crisis, para mí, ese despacho ya era parte de la cotidianeidad, por lo que pude analizar bien lo que estaba pasando. Y era que yo, efectivamente, no tenía nada que ver con las luchas intestinas desde las que se tomaban las decisiones políticas ahí, por lo general, erróneas, justamente porque no había distancia posible entre los dolores que aún sentían y el presente que se les escapaba de las manos. Caín y Abel hecho política.

Esa tarde comprendí que yo era la única, o casi, que no tenía nada que ver con el germen de aquel espacio. Miré a mi alrededor y constaté que todos, o casi, tanto los que estaban allí sentados en directo como los que se conectaban por videollamada, venían de Podemos. Menos yo. De las que habíamos entrado a formar parte del nuevo espacio de Sumar, atraídas por su halo de nueva política y halagadas por nuestros posibles aportes desde el rigor y la frescura, por decirlo de algún modo, allí no quedaba nada. O casi nada. En los primeros encuentros del movimiento aún se dejaba ver a Remedios Zafra. Yayo Herrero también estuvo cerca del germen de Sumar. Pero había otra gente no tan conocida y muy valiosa que sencillamente no pudo seguir porque nadie les dejó aportar lo que habían propuesto.

Durante muchos meses, tuve que tragarme la pena enorme de que no hubiesen pensado en Elsa Arnaiz, por ejemplo, para un cargo público. Jovencísima y llena de talento, brillante, hubiera sido capaz de todo con una asesoría adecuada y experimentada que equilibrase su rabiosa juventud. Por supuesto, nada de ese ministerio, el de Juventud, creado específicamente esta legislatura, fue para ella. ¿Por qué? Por el simple hecho de que el reparto era para Izquierda Unida y todo lo que allí se movía iba y venía en la misma lógica de camaradería en la que ni Elsa ni yo nos habíamos movido jamás. Éramos y somos profesionales, interesadas por la política, pero con objetivos que trascienden lo personal: la preocupación por el mundo en que vivimos y el que vendrá nos obsesiona y trabajamos cada día, desde nuestro lugar, para ello. Una de las cosas bellas que me trajo la política fue conocer a gente tan valiosa como ella. No ha habido un solo día desde entonces y hasta hoy que haya dejado de escribirme y preguntarme cómo estoy. Y no es alguien que viva aburrida mirando la ventana: apenas tiene tiempo de respirar, con dos hijos y multitud de trabajos que hace en simultáneo a construir una imagen pública adecuada y constante. O sea, que si no te interesas por alguien es porque no quieres. Y eso es exactamente política de cuidados.

¿Cuántas Elsas habrá a las que no dejan pasar por miedo, inseguridad o internismo? Traigo este ejemplo personal a este momento de la reflexión porque, de nuevo, cabe plantearse por qué la obcecación de los partidos políticos hace que se pierdan perfiles tan potentes como el que Elsa Arnaiz ha demostrado ya durante varios años al frente de la organización Talento para el Futuro. Que no tuviese un espacio para avanzar en Sumar tras haber creado, además, todo el apartado vinculado a juventud en dicho espacio político cuando aún era un movimiento de «escucha ciudadana», fue un golpe bajo. Y una pérdida para la juventud del país. La preparación que tiene la catapultaría a lugares increíbles, porque los sabe conjugar con un saber hacer y estar que la política requiere. Pero, claro, viene de un lugar que la izquierda «transformadora» no puede aceptar: ¿será porque estudió en una de las universidades más caras de España y no lleva un pañuelo palestino en el cuello? Supongo que hay cosas que son imperdonables.

En aquel despacho del gabinete de crisis se habló de qué iba a pasar en aquel momento. No puedo desvelar nada concreto, ni quiénes estábamos allí específicamente, lo relevante era que todos trabajaban desde el ángulo de lo que Podemos había significado para ellos: en qué punto estaban de la relación. Agotados, hartos, abatidos, con tantas ganas de perderse de vista que no calculaban el problema político que constituiría, otra vez, la escisión. Porque la izquierda española repartida entre tantos trocitos es de una inutilidad manifiesta. Y esa batalla, lejos de atenuarse, no ha hecho sino avanzar en profundidad para desgracia de todos los representados que solo podemos lamentar que, por culpa de luchas internas e intestinas, la derecha esté hoy mucho más capacitada para formar un gobierno, con las consecuencias que algo así traerá, tal y como estamos viendo en todo el mundo: el retroceso en los derechos humanos fundamentales. Porque el bipartidismo como lo conocíamos parece haber muerto: no hay posibilidad de que los grandes partidos trabajen sin muletas en las que apoyarse, y VOX hace rato que viene subiendo en las encuestas como la espuma, en detrimento de la izquierda «transformadora» que se desangra casi tanto como la despoblación en mi zona.

Así que en aquellas reuniones yo era un bicho raro, sin duda. No tenía la misma herida de base: no era una hermana a la que odiar o amar. Era puro desconocimiento. Una paracaidista a la que mirar de reojo. Viví la historia de auge y caída de Podemos desde muy lejos. Mi relación con ese espacio político era imposible. Cuando empezaron a tomar fuerza, yo abandoné el país. Mi reflejo fue marcharme a Buenos Aires en medio de la gran crisis económica que nos dejaron las consecuencias de lo ocurrido en 2008. El único contacto fugaz que tuve con el espacio fue una vez que Íñigo Errejón visitó la ciudad y dio una conferencia en la Facultad de Ciencias Sociales de la Universidad de Buenos Aires. Sudaba como un loco, pero su discurso me fascinó y me pegó muy adentro entonces, porque fue el primero que me llamó, que nos llamó, migrantes económicos, porque es lo que éramos. En aquel momento, la derecha nos había tildado de aventureros, y aquel adjetivo dolía especialmente: como si mi decisión de dejar mi vida, mi raíz, a doce mil kilómetros de distancia hubiese sido una elección similar a quien se toma unas vacaciones en un safari.

Ya en esa época la admiración que despertaban en tanta gente era impresionante. Recuerdo que apenas pudo salir de la facultad, la gente se agolpaba alrededor de su furgoneta y hasta le tiraban tesis doctorales encuadernadas para que las leyera. Era un héroe sin corona. E imagino que, en él, ser un objeto de deseo imposible de controlar lo estaba triturando por dentro sin darse siquiera cuenta de las consecuencias que algo así, a una edad tan temprana, tendría en su forma de ser y estar en política y en la vida personal después.

Perder esa droga es difícil, muy difícil. Y en ese diálogo imposible entre tu moral y tu deseo propio, reside parte de la trampa. Y de la torpeza.

# 8
# El óxido de los partidos

Idiotas. Todos idiotas. Así llamaban los griegos a quienes no se interesaban por la vida pública. Pues resulta que ahora se considera idiota, sobre todo, al que se preocupa por ello, al que está pendiente de la política, al que trata, de alguna manera, de estar atento a lo que ocurre y, si es posible, incidir en ello. Preocuparse por lo común está pasando de moda. ¿Por qué? Tal vez porque muchos ya han tirado la toalla. Cuando vives en una zona periférica, es decir, ajena a Madrid, lo ves con mucha claridad. La mayoría de la gente repite con resignación que quienes están al mando de sus zonas son personas que no pelean por su gente, al revés, que solo acatan lo que el partido al que pertenecen propone o casi impone. Ocurre con todos los grandes partidos, es decir, aquellos que tienen una fuerte implantación territorial y unas estructuras sólidas. Aquí hay un dilema: ¿cómo salir de la putrefacción evidente de este tipo de organizaciones sin caer en la construcción de gigantes con pies de barro que se autodestruyen a la velocidad de la luz? Le pasó a Ciudadanos y con Sumar ocurrió algo bastante parecido, incluso más rápido, porque ni siquiera logró una implantación territorial mínima.

Además de acceder a ser la cara visible del partido en León para las elecciones generales de 2023, por el miedo atávico que tenía a que la extrema derecha entrase a gobernar en coalición con el Partido Popular a nivel país, dije que sí porque la idea de Sumar me sedujo. En teoría, les interesaba gente destacada en su ámbito de trabajo, personas inspiradoras: desde intelectuales y académicos varios hasta actores o actrices, pasando por, como era mi caso, escritores con cierto reconocimiento, en especial en su territorio. La idea de generar nuevos cuadros, independientes, no militantes, ajenos a la disciplina de partido y sí comprometidos con la transformación social en un momento de urgencia transversal (precariedad laboral, angustia por la vivienda, crisis climática, etc.), era tentadora. Mucho más para alguien que se había tenido que ir a otro país, como yo, para abrirse camino tras haber sido rechazada en el mercado laboral de España, a pesar de tener uno de los mejores expedientes no ya de una carrera, sino de tres a la vez. Eso daba igual. Por eso, humana de mí, cuando se valoraba mi recorrido, elegí creer, tener fe. Y, a veces, eso implica desencanto, por supuesto.

Pero había más razones que me atraían: el movimiento empezaba, como ya lo hizo Podemos en su momento, por las bases. Al menos de forma cosmética: los actos de escucha que Yolanda Díaz protagonizó por diferentes puntos del territorio español eran la semilla para esa nueva configuración política en la que esas tierras y sus gentes debían volver a tener el protagonismo que los partidos gigantes les habían arrebatado. No había «caciques» por zona: había espacio libre para dotar de nuevos significados a una nueva organización que se erigía como movimiento, no como partido tradicional, para dar pie a una configuración más porosa, tipo junco, que permitiese terminar con los vicios más anquilosados del exceso de lo orgánico.

Quien viva, como yo, en zonas en las que hay gente que detenta el poder desde que tiene una memoria, sabe de la sumisión a la que están obligados quienes tienen las riendas de su región. Sumar venía a limpiar ese óxido, a ventilar las celdas de lo posible, a imaginar un país distinto, a transformarlo. En aquel momento, yo había publicado el ensayo titulado *Flores en la basura*, que fue el que me llevó hasta ese punto de entrar en política, y que yo siempre dedicaba así: «Soñemos lo imposible para lograr lo necesario». Y el primer punto es regenerar las estructuras de los partidos para que no siga ocurriendo lo que, por ejemplo, pasó conmigo. Mi caso importa poco, más allá de mi pequeño drama personal: lo relevante es que ese ejemplo minúsculo se amplía a una metáfora mucho más grande y preocupante, y es que no estamos encontrando la fórmula adecuada, el punto medio necesario, para que las viejas estructuras anquilosadas y excesivamente orgánicas de los partidos mayoritarios no se coman a quienes desean organizarse de modos divergentes, más porosos, más abiertos al pueblo al que dicen representar. Pero no hay nada que hacer: una vez que se toca poder real, esos sueños se desinflan y los núcleos se bunkerizan haciendo caso omiso de las voces que advierten del peligro o que opinan de manera distinta a la cúpula.

Se podría pensar que alguien venido de un lugar como Galicia, donde el poder pétreo de estructuras como las del Partido Popular de esa región son algo absolutamente cotidiano a estas alturas, iba a luchar contra esa lógica tan implantada. Sin embargo, Yolanda Díaz no supo liderar un proyecto fluido y moderno, sino todo lo contrario. Volvió a replicar modos antiguos, aun queriendo sacar la cabeza a flote con ideas que parecían buenas como un Grupo Plurinacional que, en la práctica, está hoy tan fragmentado o más que el primer día que se erigió como tal. Destruir el superpoder del núcleo, aquello que todos llamamos Madrid para entendernos, no es sencillo. Pero sí hay fórmulas. Es útil, por ejemplo, revisar la manera en la que el sistema de Reino Unido implica, por narices, a sus parlamentarios con sus lugares de origen. Ellos no deben rendir cuentas tanto a su partido como a su propio territorio:

> La Cámara de los Comunes del Reino Unido está formada por 650 miembros (533 en Inglaterra, 59 en Escocia, 40 en Gales y 18 en Irlanda del Norte). Cada uno de estos diputados tiene una circunscripción específica en la que se elige. La de Hugh es Saffron Walden, una de las 18 que tiene el condado de Essex. Pues bien, allí se convierte en diputado el candidato del partido que tenga una mayoría simple de votos, no tiene más complicación. Esto hace que el sistema sea muy sencillo de usar para el ciudadano. Además, como hay un representante en cada circunscripción, los diputados tienen una oficina desde la que atienden las demandas de los ciudadanos; es fundamental tener a la gente de tu territorio contenta para la reelección, incluso aunque a veces eso suponga criticar o no votar lo mismo que tu partido[1].

Sobre esto también hay un punto importante: las listas no pueden ser una imposición. Yo lo sufrí como candidata elegida a dedo. Estoy segura de que dentro de mi territorio muchos de los míos ni siquiera me votaron de puro odio o reacción a este dedazo, justificado por la emergen-

---

[1] Pablo Simón, *Entender la política. Una guía para novatos*, Madrid, Alfaguara, 2023, pp. 255-256.

cia del adelanto electoral de 2023. Gente que llevaba años en política y que tal vez tenía ganas de liderar en aquel momento no pudo hacerlo porque yo llegué como caída del cielo. Si bien en las reuniones posteriores a la campaña muchas de las personas que me hicieron la vida imposible confesaron que no había mejor candidata que yo en aquella coyuntura, lo cierto es que sentí su frustración y su resquemor cada uno de los días que tuve que sonreír mientras sabía que mucha gente quería estar en mi lugar. Se lo hubiera entregado con gusto: la única razón por la que yo estaba allí fue porque decidí que podía plantar cara a la extrema derecha. Y lo logramos. Pero eso no modificó que después el movimiento que a mí me había convencido de dar un paso firme para meterme en política se resquebrajase como una vasija de cerámica contra el tiempo. Copiaron fórmulas erróneas. Eliminaron la discrepancia. Se convirtieron otra vez en lo que siempre detestaron. O no. Es posible que todo fuese un lindo engaño para mantener algunos puestos concretos, el núcleo duro, los que siempre se salvan. En eso está Podemos hoy también: atrincherarse para mantener algunos puestos que, de nuevo, cambian su propia vida, no la de un país.

Si yo hubiese actuado con esa lógica, habría exigido presentarme como candidata por otra provincia. Yo sabía desde el principio que, por número de población, estadística y previsión, no entraría como diputada por un partido tan ajeno al engranaje conservador de una provincia como León, acostumbrada a votar a los dos grandes partidos sin hacer olas hacia otras propuestas. Pero no era ese el punto: yo quería estar pegada a mi gente para seguir comprendiendo cuáles eran sus dolores. Si no era como diputada, lo sería desde otro ángulo de influencia. Y así lo hice, hasta que comprendí que, actualmente, iba a ser más útil como escritora y divulgadora como activista rural que siendo opacada en un partido político que, una vez más, castigaba todo tipo de disidencia y me prefería oculta. Nunca fui soldado de nadie. No lo empezaré a ser ahora. Pero esto no puede depender de lo terco que uno sea. Debe reestablecerse un sistema, similar al de Reino Unido, en el que los políticos o diputados no solo atiendan a las necesidades de su territorio por buena voluntad, sino porque el hecho de no hacerlo acarrearía su pérdida real de poder.

De alguna manera, es necesario repensar cómo resucitar aquella costumbre que tenían los griegos que creían en la *ekklesía*, es decir, en la asamblea que representaba el poder soberano de la ciudad, de la polis, y que se celebraba en un lugar en el que cabían todos. ¿Un teatro enorme? No, más lógico y más conectado con la tierra: la colina de Pnyx. Ahí podía ir cualquier ciudadano, sin haber sido electo, a dar su opinión. En estas asambleas se hacían leyes, salían cargos elegidos y hasta se decidía si ir o no la guerra de una forma un tanto rudimentaria: a mano alzada, muchas veces, o sea, a ojo. Pero ¿podemos recuperar esa esencia en el siglo XXI de un modo más sofisticado? Sin duda. La participación en democracia es hoy más sencilla que nunca con herramientas tecnológicas específicas.

No sé a qué esperamos. La urgencia es vital. Ya no por nuestra generación, sino por las que vienen detrás. O logramos resetear el sistema de partidos y la democracia misma con las herramientas que el siglo XXI propone, o vendrá el llanto y será tan profundo como el de Saturno devorando a sus hijos. El Imperio romano cayó en lo que desde fuera parecía su punto álgido, aunque ya estuviese en decadencia. ¿Sabremos surfear nosotros la ola de este momento histórico?

# 9
# Deja de decirme lo que tengo que pensar, plomo

«Nos hemos acostumbrado a pensar que si la juventud rechaza la democracia es porque no la entiende. Y tal vez sea al revés: la entiende tan bien que ya no se cree ninguno de sus disfraces. Por eso no basta con hablar a los jóvenes: hay que escucharles, cederles espacio, incluir su lucidez incómoda en el centro de las decisiones públicas. No es caridad generacional. Es supervivencia democrática».

ELSA ARNAIZ, directora general y presidenta de Talento para el Futuro.

Si la juventud se ha decantado por la extrema derecha alguna razón tendrá. El hecho es que según la Open Society Foundations, más de un 42 % de las generaciones Z y *millennial* a nivel global considera que sería mejor un sistema dictatorial militar que uno democrático como el que disfrutamos en este momento. Según el Centro de Investigaciones Sociológicas (CIS), en el caso de España tenemos a un

38 % de menores de veinticuatro años que aseguran que no les importaría vivir en un régimen «poco democrático» si eso les garantiza una supuesta «mejor calidad de vida»[1]. Resulta espeluznante. Pero no ganamos nada escandalizándonos, lo que debemos hacer es tratar de comprender para dar respuestas diferentes. La extrema derecha ya lo ha hecho. No hay alternativa desde el otro lado porque no hemos sabido conquistar el amor, la esperanza y la proyección de futuro de las nuevas generaciones.

Me pueden argumentar que lo que pasa es que la gente joven no tiene un recuerdo vívido de lo que supone realmente desarrollarse bajo un sistema dictatorial. Que eso, por mucho que se lo hayan querido contar, por mucha memoria histórica que tratemos de transmitir, ya no penetra. No engancha porque ya no se percibe en la piel, y cuando no somos perfectamente conscientes del material del que está hecho el miedo, lo tendemos a ignorar. También por pura supervivencia y, sobre todo, en la juventud, cuando somos más audaces y calculamos menos los peligros por la sencilla razón de que, en muchos casos, aún los desconocemos.

Pero hay algo que va más allá de la falta de miedo a épocas de la historia que tal vez quedan demasiado lejos de la gente joven: lo que sí sienten en la piel ellos y les duele y les ahoga y les machaca. ¿Qué es? Lo mismo que pasaba en la época de Thatcher en Inglaterra, pero con un

---

[1] Elena Herrera, Victòria Oliveres y Yuly Jara, «¿Los jóvenes ya no temen una dictadura? Claves del declive de la confianza en la democracia en las nuevas generaciones», *elDiario.es*, 16 de marzo de 2025. https://www.eldiario.es/politica/jovenes-no-temen-dictadura-claves-declive-confianza-democracia-nuevas-generaciones_1_12131368.html

aliciente más: ahora es el propio mundo el que se acaba, su límite físico, su sostenibilidad por la forma en que hemos esquilmado sus recursos. El cambio climático ya está aquí y nos golpea en la cara: algunos eligen no creer, lo cual no implica que deje de existir.

Es una nueva generación punk que revive, sin saberlo, aquello del *No future* de la época de Margaret Thatcher en la Inglaterra de los ochenta. Porque no, tal y como vamos, no lo hay, al menos tal y como lo hemos vivido hasta ahora, lo que no quiere decir que no sea posible, aún, dar un volantazo y cambiar la tendencia. Y esta situación es una verdad como un templo que no podemos negarles. Entonces la frustración se enreda a la garganta, y se disfraza de vídeos virales y *likes* que parecen dar aliento, pero, en el fondo, en la piel misma, saben que no hay manera de insertarse y llegar a ser quienes desean. Ante todo porque, además, constantemente se les bombardea con imposibles: nuevos ricos, o no tan nuevos, que comparten sin ambages en sus redes toda su ostentación, y así, como está segundo a segundo en tu pantalla, parece que es cercano, posible, alcanzable. Pero no. La realidad es que apenas puedes pensar siquiera en alquilar una habitación de un piso compartido, mal iluminado y febril, porque los sueldos, si llegas a tenerlos, son de una precariedad manifiesta. El proyecto de una vida plena que mejore la anterior, es decir, la típica frase de «vivir mejor que nuestros padres», se desmorona día a día ante los ojos de la esperanza de la juventud. Porque les habíamos hecho creer que debían irse lejos de donde venían, que debían ser grandes profesionales que buscasen su salida en un decorado idílico de torres y rascacielos cuando, en verdad, no estábamos ofreciendo los mimbres firmes para que en el fondo supieran que lo único importante es crear una comunidad que te sostenga cuando las luces se apaguen. Y eso, muchas veces, no está en la soledad que provoca estar indemne entre millones de personas hacinadas en una gran ciudad que cada vez tiene menos autenticidad para ofrecerte.

En ese desquiciante sendero en el que unos tiran para que seas un gran profesional, otros directamente ni esperan nada de ti y los de más allá te siguen vendiendo que un día vas a ser feliz sin que te falte de nada, encima tienes que aguantar lo que debe ser, cómo tienes que actuar para no ser censurado. Lo que sí puedes hacer y lo que no. Lo que debes desear, decir y practicar y lo que no debes ni en tus peores pesadillas, porque te convierte en una bestia parda. La superioridad moral de la izquierda carga sus dardos también contra la juventud. Y, la verdad, bastante agobiado está uno en ese momento con la vida misma, como para encima tener que soportar a los adalides del deber ser. Es un bumerán. La izquierda se ha hecho trampas al solitario alejándose irremediablemente del pueblo al que decía querer representar y por el que decía querer pelear. El pueblo, querida izquierda transformadora, hace rato que no te escucha porque vivís en mundos paralelos. Los intelectuales tan pulcros resultaron ser babosos y bastante inútiles al pensar que los propios focos que los ciegan les protegerían siempre. Olvidaron, ellos también, que nadie se salva solo.

Es interesante analizar esto desde la perspectiva de la salud mental: el sufrimiento no es una enfermedad mental. No hay que confundir los malestares que provoca una sociedad cada vez más metida en un individualismo feroz con las enfermedades mentales psiquiátricas. Y creo que vale la pena hacer una distinción aquí porque considero que la izquierda «transformadora» ha perdido en este aspecto otra batalla que podría apropiarse. Lo que otorgaría menos sufrimiento, no solo a los jóvenes de este país, sino a todo el cuerpo social, no es tanto tener atención psicológica asegurada, que también, sino recomponer una idea de sociedad basada en lo común y no en lo individual. Ese marco es el natural de la izquierda. Pero es difícil sostener un discurso así cuando tus líderes viven en pantallas de teléfono, atrapados en el selfi de turno y aprovechándose de los miles de seguidores conseguidos para reconvertirse en tertulianos o dueños de bares en Malasaña que encima te piden pasta por *crowdfunding*. ¿Qué mensaje estáis mandando, compañeros? Me gustaría hablaros de la roca, la roca de los mineros que conocí en la montaña de Laciana en León y que me mostraron cómo se debe hacer política de base. Y la clave está, precisamente, en no olvidar. Cuando en marzo de 2025 murieron cinco de los suyos en la mina de Cerredo les dediqué esta columna que reproduzco aquí y que manifiesta cómo sí hay maneras de ser aún fuertes y no tiene más misterio que el de toda la vida. ¿Cuál? Permanecer unidos. Cuando Yolanda Díaz apareció por allí para fotografiarse aquella tarde, me llamaron a mí para desahogarse: en la campaña nunca conseguimos que viniera a apoyarles, tampoco desde su cargo en el Gobierno. El dolor, en este caso, es normal. Lo único que yo podía hacer, ya fuera de todo contacto, era dedicarles el amor que sentí de ellos cuando me supieron sostener en plena campaña de adelanto electoral en 2023 sin preguntarme de dónde venía ni quién era, solo que teníamos un enemigo común: el olvido. Y la extrema derecha.

> Si tienes tus manos y nada más que eso, trabajas. Si tienes tus ojos y nada más que tus ojos, miras, avanzas, atraviesas el miedo y bajas a ese espacio oscuro en el que todos los demonios se juntan porque nunca sabes en qué momento se

pueden rebelar. Los demonios de la mina, el punto final opaco y seco de la muerte en la elección siniestra que implica bregar ahí, en la entraña de la tierra, lidiando con la vida y la muerte en un juego macabro de azar. Toca bajar porque, si no, quién puede vivir aquí, donde el olvido se enreda a la garganta y uno grita pero sabe que ya apenas se le escucha. ¿Por qué? Porque somos cada vez menos y parece que solo la desgracia tiene la potencia de hacer visible la soledad del abandono. Entonces sí, entonces hay helicópteros, fotógrafos y urgencias, y los muertos que se van y que aquí se quedan, como nos quedaremos nosotros siempre. Porque el alma está en el valle, para quien es de ahí, sin duda, y para quienes hemos pasado por sus montañas rotas y su óxido resquebrajado y hemos mirado de frente a los ojos de quienes allí resisten, también. Yo tengo el corazón en el valle, que es gemelo contrario del mío, del Teleno en mi ventana y el frío que no mata pero fortalece.

Por eso no se mueren cinco, nos morimos todos y, a la vez, resucitamos con cada partida. Por eso se sale a la calle en masa, se abraza, se trae agua, tabaco, lo que sea. Porque en el valle saben que el dolor no se va a aliviar tan rápido, pero saben también que mientras duela el alma los brazos estarán: los mismos que saben forzar la máquina de la naturaleza hasta que estalla, los mismos son los que saben estrujarte hasta partirte en dos cuando las fuerzas te fallan y elevarte hasta donde haga falta para plantarle cara al miedo y avanzar. El abrazo de los mineros del valle de Laciana lo llevo en mi corazón como un tesoro inquebrantable. Una certeza absoluta de que es mejor perder el sustento que la dignidad. Ellos me lo enseñaron. Por ellos luché y por ellos también arriesgué mi pan.

En el valle no hay solo mineros, hay músicos, mujeres que emprenden, enfermeras que curan, guardianes que salvan. Uno, que tiene una de las voces más lindas que escuché jamás porque sabe cómo hacerla emerger del magma mismo del valle, me escribió a última hora de ese fatídico lunes. Decía que solo quería llorar, ahora que nadie le veía después de haber resistido horas poniendo el hombro. En ese momento en el que la madrugaba avanzaba y se paraba a pensar en lo que había pasado, a los amigos que no vería más, entonces confesaba algo que todos sentimos. Que nunca pensó que algo así pudiera verlo él: ya de una generación en la que la mina era cosa del pasado, un recuerdo de otro tiempo en el que valle bullía como bullen las pasiones que destrozan. Con toda su energía vibrante y conmovedora, pero, a la vez, con toda su capacidad de triturarte el alma en cualquier revés. Eso es y fue siempre la mina. Pero en esas montañas hay mucho más.

No sé en qué otro lugar se conserva un voto de izquierda más claro que en las cuencas mineras. En estos tiempos profilácticos y cosméticos, solo quien sabe que puede perderlo todo en cualquier momento se da cuenta de dónde está el mástil al que conviene asirse. Y está justo en la mirada del compañero, del hermano, de la hija, de la mujer, que cada vez que te despidió supo que podría ser la última vez y, sin embargo, ay, sin embargo, sabía también que si tú te ibas, quedaba el valle. Y ahí está la fuerza. En el valle nadie muere, porque la dignidad es infinita y vive en el corazón de todos los que no temen, los que viven atravesando el miedo, los que luchan por su tierra y lo hacen porque no están solos: son una roca que unida vale más.

Una lección, otra vez. Por eso no os vais, porque os guardaremos en las laderas del valle y sabremos levantar la voz de nuevo siempre que nos toque elegir entre agacharse o poner el pecho a las balas, entre muerte o vida. Y será vida. Por vosotros. Vida y dignidad. Gracias, Tsaciana, otra vez[2].

---

[2] Violeta Serrano, «Nadie muere en Tsaciana», *ileón*, 7 de abril de 2025. https://ileon.eldiario.es/laciana/nadie-muere-en-tsaciana-columna-violeta-serrano-desde-el-valle_129_12200426.html

# 10
# De aquellos polvos

> «Pues todo lo obtenido por casualidad es inestable, y lo que más alto se eleva queda más expuesto a la caída».
>
> SÉNECA, *De la brevedad de la vida*, 17, 4.

El ascenso de Podemos a partir del movimiento de los indignados que generó la gestión de la crisis económica de 2008 fue épico. Pero más increíble todavía fue ver cómo pulverizaban todo el poder que lograron en tan poco tiempo. Ver, como testigo directo, de qué manera las mieles del poder habían atravesado sus voluntades sin solución me resultó tremendo, de una pena y frustración terribles.

La escisión creando Sumar no solo no ayudó a regenerar el espacio, sino que expuso una herida abierta muy difícil de gestionar. Tanto que el destrozo ha sido mayúsculo. Para liderar semejante espacio se necesitaba a un titán, a un animal político audaz y cabal, con una diplomacia extrema para aunar voluntades tan divergentes dentro de la izquierda y, al mismo tiempo, impulsar una comunidad bajo un enemigo común que, sin lugar a dudas, también había que saber construir. Yolanda Díaz fue incapaz de hacerlo: liderar es un arte, y ella, evidentemente, no lo tiene. Pablo Iglesias sí es un gran estratega, pero su propia ambición le ciega a tal punto que nunca supo o no quiso salir del lugar comodísimo que la izquierda «transformadora» prefiere, porque le es natural desde hace décadas: la queja, la oposición, el y tú más porque si yo pudiera… pero no puedo ni quiero poder. No pudieron porque tampoco quisieron querer, como cantaba Sabina. Es evidente que lo que la izquierda «transformadora» demostró fue justo incapacidad para transformar, porque, para hacerlo, lo primero que se debe hacer es mantener el poder. Y él huyó del barco, dejando un testigo envenenado a una persona que, deduzco porque la conocía bien, sabía que no iba a poder con ello. Un perfil aparentemente resolutivo no significa poseer las características necesarias para un desafío de tal calibre. Se puede ser una gran ministra y no tener la capacidad de liderar un espacio político: no es incompatible.

Pero, antes de todo ese lodo, poseían la belleza desmesurada de unos chavales soñando, y lo hicieron tan bien y tan alto que lograron lo imposible. El contexto ayudaba, y mucho. No solo conquistaron a una generación de jóvenes con la pasión en la boca, sino también a muchos de sus padres que se habían hartado de un bipartidismo caduco que parecía no mover ficha ante las tormentas importantes. Todos ahora asisten al espectáculo de aquellos intelectuales que parecían serios y, sin embargo, eran muy similares a muchos hombres que ejercitan su poder allá donde lo tengan: despachos universitarios, cargos en empresas o puestos públicos. Que la vida iba en serio, como decía Gil de Biedma, lo descubres más tarde. Lo descubrimos, todos y todas, más tarde. A veces, demasiado tarde. Y ellos, en cambio, se enfrentaron demasiado pronto a una influencia brutal que evidentemente no supieron manejar.

Y mientras, trataban de reventar aquella épica por caminos cada vez más infructuosos: la idea de Íñigo Errejón de Más País o, en los últimos tiempos, Canal Red para tratar de influir desde la televisión de Pablo Iglesias, por no hablar del enfado constante de Irene Montero y su fiel escudera Ione Belarra, que se amotinaron en sus propios pedestales sin ver que probablemente legar el testigo hubiese sido una buena opción. Por el contrario, aprovecharon la coyuntura para resistir del modo que fuese, aunque ser cada vez menos implicase falta de capacidad para «transformar», justo lo que habían venido a hacer en teoría al mundo de la política. Tan empecinadas estaban que nunca estuvieron dispuestas a bajar de sus propios errores que, por supuesto, todos cometemos. Esa testarudez y esa pesadez constante es la que aparta en gran medida a la gente de estos postulados. Alejan, no adhieren. De hecho, hoy en día, al volver todo a su lugar, lo que ha sucedido es que solo mantienen a sus fieles, como una misa predecible que les habla siempre a los mismos feligreses cada domingo. No es una idea horrible del todo, al menos mantienen algo, pero insisto: no vinimos aquí para esto. La idea era ampliar, no encapsular, pero con esa meta hay que querer cambiar realmente las cosas y no solo tu propia vida. Recuerdo que el día en el que se llevó a cabo el traspaso de carteras, el espectáculo fue bochornoso. Una escenificación horrible del enojo tanto de Irene Montero como de Ione Belarra, de un infantilismo empalagoso. Y atrás, tierra arrasada: ese es, en el fondo, el gran problema.

Ya no sé cuántos feminismos existen ni cuántas veces tengo que hablar con «a» o «e» para que nadie se ofenda.

Desconozco cuántas veces debo repetir el *mea culpa* si me compro un pantalón de *fast fashion* o si me como un ser vivo sin tostar demasiado. En medio de la presión brutal que sentimos los que no tenemos el futuro asegurado, lo que menos nos apetece es que nos juzguen cada cinco minutos. Y eso, justamente, es lo que ha hecho la izquierda «transformadora» con sus apelaciones constantes al «pueblo», a «los de abajo», con su supuesta gente, la que pelea cada día por salir adelante, la que siente frustración y olvido, la que, a veces, ni siquiera llega a vivir en los centros de poder de los que tanto hablan y enfocan el tiro, porque, en el último tiempo, ni vivir dignamente es posible.

¿Se acuerdan de que habíamos salido a la calle por eso? ¿Recuerdan la indignación en su propia piel? Nosotros sí, pero sentimos que del otro lado hace rato que la piel se convirtió en cocodrilo de Lacoste. Y eso, a la izquierda no se le perdona por culpa de ella misma, que crea sus propios muros que le estallan por dentro por ponerse estándares de calidad tan estrictos: si se es de izquierdas, se tiene que ser de izquierdas en todo y constantemente, sin oxígeno alguno. No hay lugar para el fallo ni para el derroche. Escúchenme, la vida es bella, nos toca vivirla y lo haremos como podamos. No jodan más. La izquierda siempre representó la libertad y ustedes la han relegado al conservadurismo más recalcitrante. Qué horror.

Cuando Donald Trump ganó las últimas elecciones generales en Estados Unidos escribí para *Retina*, de *El País*, un artículo en el que no había estupor, sino descripción de los hechos. Vivir cerca de la tierra de quienes caminan olvidados, en las periferias de un país, es básico para entender qué está pasando políticamente.

El progresismo ha muerto porque no es creíble: sus promesas se destapan a la misma velocidad que la realidad que se retransmite segundo a segundo a través de redes como X, antes Twitter. Hoy Elon Musk ha ganado a una de las democracias más importantes del mundo occidental. Habrá quien se sorprenda, sobre todo en mi burbuja: yo no. Lo único que sé es que seguirá pasando hasta que todo se rompa para la regeneración. No puedes defender la paz desde el Gobierno de EE. UU. No puedes centrarte en la reducción de la jornada laboral cuando no existe la jornada laboral: el tiempo de trabajo y de vida es ya el mismo y, por eso, también, tanta confusión, agotamiento y caos. Si no entiendes eso, tal vez eres más conservadora que progresista y algo esencial no encaja en tu discurso.

El progresismo ha muerto porque no escucha: no quiere hacerlo porque no tiene respuestas distintas que dar. Y no quiere escuchar propuestas porque significarían la caída del sistema tal y como lo conocemos. Lo que no están entendiendo es que va a caer igual: solo puedes controlar la caída si generas alternativas creíbles y esperanzadoras. Si no, la gente, el pueblo, harto y abandonado, votará aquello en lo que aún puede creer. Un discurso tan desestructurado y loco como la desesperación que sienten ante la compra cada día más inalcanzable del supermercado, ante la certeza horrible de que sus hijos no podrán vivir mejor que ellos, sino todo lo contrario. Ya no solo porque no podrán tener una casa, un coche, un futuro al que agarrarse, sino porque tal vez les cueste respirar en un mundo cada día más roto por el cambio climático. [...]

Los olvidados se van a levantar: ya lo están haciendo. Los únicos sorprendidos son quienes viven en la burbuja de un progresismo que no progresa: que resulta mucho más conservador que el liberalismo más loco que está ganando la partida por goleada. Que nadie se asuste: sigo creyendo en el Estado, pero, por eso mismo, escribo esto de forma descarnada por si alguien allí arriba, ahora sí, sabe escuchar el lamento de los nadie que acabarán tomando a la democracia por los cuellos de la camisa y le gritará: estamos aquí, hace años que no nos escuchas, pero vamos a avanzar igual porque cada día tengo menos que perder y estoy harto, encima, de que me des lecciones de moral. Olvídame, y, si no tienes nada que aportar, deja pasar[1].

---

[1] Violeta Serrano, «Starlink no falla: Elon Musk venció a la democracia», *Retina*, 5 de noviembre de 2024. https://retinatendencias.com/opinion/starlink-no-falla-elon-musk-vencio-a-la-democracia/

# 11
# Transformar qué

«Esto no es más que otro sarao / en el que te has *colao* / con un traje *alquilao*».

C. TANGANA, *Nominao.*

La idea era buena. Era estupenda. Tocar justo ahí donde más nos duele. A quienes estudiamos y no encontramos la manera de salir adelante de una forma digna en España. Pero también a quienes nos preocupamos por quienes no estudiaron y siguen viviendo en condiciones de precariedad. Y digo nos preocupamos porque quienes pasan sus días en esas circunstancias, en general, no tienen tiempo de intelectualizar lo que les ocurre: sobreviven, sencillamente. Día a día. Partido a partido. Cada vez peor y cada vez más rotos.

En el último tiempo, el Gobierno de coalición ha repetido muchas veces que España va como un tiro, que la macroeconomía funciona, que las cifras de paro son excelentes. Sin embargo, ay, sin embargo, lejos de los discursos que se proclaman desde las tribunas de Madrid, lo que hay es hartazgo y, hasta cierto punto, carcajadas. Quienes viven alejados de la burbuja desde la que se proclaman estas afirmaciones grandilocuentes, ya no se creen casi nada. Basta con ir a comprar al supermercado para entender que llegar a fin de mes se ha convertido en una carrera de obstáculos. Por no hablar del precio de la energía: el lujo de calentar o enfriar el hogar, si lo tienes, y disfrutar de ese milagro llamado electricidad. Salir de vacaciones es cada vez más costoso porque el precio de las noches de hotel no deja de aumentar. Comer y beber fuera, esa seña de identidad de nuestra cultura, se pone cada día más complicado y toca reservarse para ocasiones especiales: algo que detestamos porque siempre es un buen momento para compartir una mesa y hacer catarsis.

La izquierda está hablando de algo que su gente no comprende, y no porque sean tontos, sino porque saben en su propia piel que ni la economía va tan bien ni sus vidas son tan felices como las pintan. Tener varios trabajos para tratar de juntar lo suficiente no es agradable. Hacerlo, además, bajo la lupa insistente de un teléfono que llevamos pegado al cuerpo como una extensión más, empeora la cosa: no solo somos explotados, sino vigilados continuamente.

Así que, en realidad, lo sabemos: sabemos que las cosas no andan bien, por mucho que los discursos de quienes están en el poder tengan que poner buen tono, y hacen bien, en aquello que han logrado en su tiempo de gobierno. No se trata de un país u otro, se trata de un cambio de paradigma que estamos atravesando todos: el capitalismo más salvaje, el basado en el individualismo total, está ganando la partida con una fortaleza silenciosa que solo nos permite compartir memes para rebajar la desgracia que, en el fondo, sabemos que estamos aceptando como trabajadores sin más pretensiones que salir adelante. Así que la realidad es que o nos aliamos de nuevo, o estamos muertos. Lo dijo Rufián y apuntó a algo muy importante que se desarrolla en este ensayo: «o nos unimos todos o nos matarán por separado. Y realmente hay un espacio en ese sentido. No ideado desde Madrid por una élite, sino desde la periferia por gente normal»[1].

Qué quiere entonces la gente normal, cómo vive, qué es lo que necesita transformar. Sin duda, tres problemas, como también dijo Rufián: vivienda, vivienda y vivienda. Porque sin eso no hay nada que mejorar: no sirve aplicar parches, el descalabro es ya estructural. Pero en el discurso que generó Podemos primero y después Sumar, había mucho más detalle sobre lo que había que transformar. Y empezaba en la academia. La mayoría de los integrantes de ese círculo fundacional venían de ahí, de una academia en la que se repetían los problemas que acontecen en la inmensa mayoría de lugares a los que la gente pretende acudir a trabajar y ganarse la vida dignamente. En general, para entrar hace falta tener contactos, no tanto un currículum espléndido. En general, si entras y quieres quedarte, te tocan años de sonreír y abrazar a quien tengas por encima, que suele ser una persona de más edad, de otra época, que te recordará mil veces que tienes mucho que tragar aún para estar en su lugar, si es que algún día lo estás. Negociar cada cinco minutos tus condiciones de trabajo: normalmente, solo, porque los sindicatos, por mucho que se hayan sacado a relucir discursivamente en el último tiempo, son una organización obsoleta a la que casi nadie recurre en la actualidad. Un gran error, porque no hay mejor

---

[1] Javier Casqueiro, «Gabriel Rufián: "A un Gobierno no se le puede tumbar por esto"», *El País*, 13 de julio de 2025. https://elpais.com/espana/2025-07-13/gabriel-rufian-a-un-gobierno-no-se-le-puede-tumbar-por-esto.html

forma de ser aniquilado que quedarte solo. Pero es lo que estamos haciendo, justo eso: comernos la ilusión de que a nosotros no nos pasará, que estaremos bien, que lo valemos, como los anuncios de champú. Y mientras, sangre, sudor y lágrimas que no sabemos exactamente de dónde vienen: pues de la vida, de la vida que iban a mejorarnos, y en cambio, ay, ya ves, como decía un amigo mío, solo mejoraron la suya. Y entonces, qué rabia y qué asco.

Todo ese malestar lleva a dos caminos que, a su vez, generan aún más malestar: uno, trabajar por cuenta propia, que dicho bonito se llama «emprender» y dicho feo se llama hacerte autónomo y empezar a rezar. O dos, hacerte funcionario, el deporte español más valorado. Emprender en España es bastante desalentador, porque el primer punto del emprendimiento es la prueba y el error. En España, fracasar está penado, no solo socialmente, sino fiscalmente. Lo que se debe pagar para iniciar un negocio mes a mes es más desalentador que cualquier otra cosa. Luego te toca competir con gigantes, porque, tal y como está ocurriendo en la sociedad en general, cada vez hay grupos más grandes que ostentan y monopolizan el mercado frente a hormiguitas que tratan de diferenciarse juntando las migajas que los gigantes dejan. Es agotador. La otra opción es optar a un empleo público que, salvo que hayas nacido para eso, acabará por quitarte las ganas de vivir a los pocos años de haber iniciado el tan ansiado empleo estable. Solo hay que pasarse por oficinas públicas y mirar a los ojos a la mayoría de los trabajadores para saber a qué me refiero.

Por tanto, a una generación como la mía educada en el deseo, ¿qué le podemos decir?, ¿que se aguante?, ¿que acepte que vivirá peor que sus padres y que además esa generación no le entenderá porque no comprende que el tiempo lineal terminó, que ya no se trata de empezar con un trabajo precario para luego lograr algo mejor y estabilizarse porque ya no existe la carrera vital del coche, la casa, el niño y las vacaciones en verano? No creo que se pueda reprochar a esta gente, que hizo todo lo que se supone que debía hacer, el hecho de que no va a encontrar nada digno y que, al mismo tiempo, le realice como persona y como trabajador. Entonces empieza a prender la mecha de la rabia. Y ahí, justo ahí, crece la extrema derecha: exactamente lo contrario a lo que necesitábamos.

No están escondidos. No son nostálgicos. No tienen arrugas ni falta de formación en muchos casos. Son gente joven, nacida en el desaliento. Ellos son el caldo de cultivo más prometedor para la extrema derecha. Recuerdo que, en la campaña de las generales que hice en León, me pasaron rozando mientras inaugurábamos la campaña frente a la catedral, en una imagen preciosa que buscaba, en gran medida, dar valor a lo que tenemos en estas tierras olvidadas. Mientras atendía a la prensa contando cuál era mi proyecto para la provincia, ellos pasaron a nuestro lado como *hooligans*. Frente Obrero. Eran jóvenes, seguramente más jóvenes aún que yo. Y tenían fuego en los ojos. Tenían pasión. Querían luchar por cambiar las cosas, pero de verdad, de raíz, como un incendio que arrasa la podredumbre y deja solo cenizas sobre las que inventar un mundo nuevo. El gran problema es que ese incendio consiste en la muerte y en la violencia, y en la no defensa de los derechos humanos. El problema es que de ahí no se vuelve, a no ser que la desgracia cubra tanto horror y décadas que solo quede capitular. Al fin y al cabo, la historia de la humanidad es cíclica, pero ¿cuánto ha tenido que ver la izquierda transformadora en este desaliento, en este no levantar más pasiones o, lo que es peor, haber pulverizado aquellas que levantaron en las plazas de los indignados en el Movimiento 15M de 2011?

Al final resultó lo mismo que pasa en los Goya. Pocos hay que lleven trajes caros propios. Se alquilan, se sonríe porque esa noche estás ahí. Pero luego eres pobre. Te vuelves a tu casa a llorar solo o, con suerte, a tomarte unas cervezas, cada vez más caras, cuando cae el sol. Y eso es España, y esa España es la que queríamos cambiar.

# 12
# La consecuencia tiene cara de hombre blanco hetero (y muy enfadado)

> «Si no hubiese relato, la que moriría no sería la mentira, sino la política misma. Porque sin relato no hay mito de gobierno, no hay legitimación pública, no hay política».
>
> FERNANDO PITTARO (consultor en comunicación política y estratégica).

Algo debemos haber hecho bien, muy bien. Y ese algo bien hecho ha nacido de un sentimiento generalizado de hartazgo. El de las mujeres que llevamos siglos viendo cómo el mundo se lo comían otros mientras nosotras nos quedábamos detrás, a apoyar, a verlas venir, a ser consuelo tras la batalla. Pero resulta que no, resulta que nosotras, caballeros, también queremos pelear y sentir y disfrutar y sentirnos vivas, manejando la adrenalina que todo ello supone. Y eso parece que no se perdona. Logramos tejer una comunidad que a mí me gusta llamar de tejedoras insumisas, retomando el concepto que ya usó Marina Garcés en su ensayo *Nueva ilustración radical*. Mujeres que dijeron hasta aquí, que empezaron a valorarse y a decidir qué querían y qué no: en todo. En el sexo, en la casa, en el trabajo, en los puestos de poder, en todas partes. Sin embargo, la rebeldía siempre se paga.

Me he movido por centros de poder de todo tipo, a nivel local y al más alto nivel. El ambiente es siempre masculino. Las mujeres somos la excepción y, por regla general, las que llegamos ahí tenemos que demostrar una valentía descomunal, pero, ojo, al mismo tiempo, una docilidad justa para no asustar a los machos que pueden sentirse dominados a la primera de cambio. El equilibrio es un campo minado. Y ahí estamos, lidiando con nuestros traumas todos, los hombres proveedores y las mujeres que de repente no solo deben ser sostén, sino también cazadoras sutiles y hábiles estrategas para avanzar sin ser decapitadas. Ese fue otro de los *shocks* que sentí en una reunión que hicimos en el despacho del Congreso en el que nos encontramos en medio de la sesión de investidura: creo recordar que solo estábamos ella y yo como mujeres, y luego un cúmulo de hombres que opinaban, reían y hacían que ella tomara actitudes, tal vez, más similares a las de un hombre, bajo el arquetipo que eso significa e implica, que las de una mujer. Su posición, tengo que reconocerlo, no era ni es fácil. Una de las cosas que nos atrajo a tantas «tejedoras insumisas» también a la hora de apoyar su candidatura fue que era la primera mujer que se postulaba como candidata a la presidencia de un Gobierno en nuestro país. Con tacones y solvencia, con rigor y una aparente amabilidad. No fue así, pero la imagen denotaba toda una serie de características de fe en la que muchas quisimos creer.

Es cierto que las mujeres nos hemos aliado, aunque a veces no nos salga del todo bien. Nos hemos unido porque hay algo profundo que nos duele por igual: de nuevo, la herida, una herida que se sutura cuando nos reconocemos en los ojos de la otra. A veces. Otras, no importa un carajo que seas mujer. De hecho, cuando a mí me despidieron también hicieron lo mismo con otra persona: las dos mujeres, aunque con perfiles distintos. Ella no había dado la cara en unas elecciones generales dejando todo atrás; yo sí. El partido más feminista de todos no hizo distinciones: nos despidió a las dos al mismo tiempo. Es curioso. Otra vez la desconexión entre la política y la calle es brutal. No mide, no calcula, no sabe ejercitar su poder: y con esto me refiero a los advenedizos de la política. Hay otra gente, políticos de carrera, que saben perfectamente cómo manejar los fuegos sin que nada se queme. Y, sinceramente, da gusto verlo. Cuando has conocido ambas partes te das cuenta de cómo unos son unos monos con navaja y otros colosos sibilinos que logran objetivos admirables. Aplaudo lo segundo, aunque también genere dolor, porque, no nos equivoquemos, la política no debería ser cruel, pero lo es. Y mucho. Así que toca cambiar el cómo para evitar que todo se resquebraje y que la confianza de los votantes se esfume atraída por los cantos de sirena del discurso oportunista de la extrema derecha.

En este orden de cosas en el que durante unos años la vara se giró hacia el lugar de los desprotegidos, las mujeres, los migrantes, los débiles en gran medida, había otra parte de la sociedad que afilaba los colmillos. Es bastante normal: si llevas siglos con privilegios por el simple hecho de nacer hombre, blanco y hetero, lo lógico es que no bajes la cabeza la primera vez que intentan someterte. Y la reacción ha sido brutal. Ha ido más allá del arquetipo de hombre blanco y hetero para integrarse también en las madres, las hermanas y las hijas de esos hombres blancos y heteros. Tuve varios encontronazos así durante mi campaña para las generales en León. Recuerdo perfectamente a una mujer que vino a decirme que temía por su hijo, que su relación se había roto y que ahora estaba a expensas de lo que su ex dijese de él, que vivía con miedo, atemorizada, que él era una buena persona, pero su palabra valía poco. Desconozco absolutamente quién era quién ni los pormenores del caso concreto, pero es un hecho que este temor se empezó a propagar y, como todos los miedos, tenía una base de realidad, aunque el todo se coma a la parte cuando los temores saben ser dirigidos de forma estratégica. Y lo son, casi siempre lo son.

Traigo a colación el caso porque, al final, todo está inventado: no ganamos demasiado generando una polarización tan brutal que quiebre los consensos fundamentales. Y en este caso hablo de poder judicial, de la confianza en el poder judicial. El hecho de vivir en un mundo en el que parece que todos, por el hecho de tener un teléfono móvil en la mano, estamos en condiciones de comunicar lo que nos ocurre y hablar sin conocimiento de causa muchas veces, y sin datos fehacientes como si lo que dijésemos, encima, fuese una verdad revelada, es peligroso. Bastante peligroso. Porque la democratización de las comunicaciones implica también que el juego es bidireccional, que cualquiera lo puede jugar, que no hay filtros y, por tanto, la ficción aquí desempeña un papel clave.

A mis estudiantes de creación literaria les digo siempre que nuestra labor como escritores no pasa ni mucho menos por el mero entretenimiento. Escribir implica saber construir personajes, relatos, hilos conductores, coherencia y verosimilitud. Tenemos la gran capacidad de crear mundos posibles, de generar creencia, una suerte de fe: eso es exactamente lo que llamamos en teoría literaria el pacto de ficción. En política la admiración hacia la persona a la que acabas otorgando tu voto funciona de una manera bastante parecida. Pero para ser eficaz, hay que trabajar, y mucho. Para lograr todas esas características en un discurso, en un texto, en un trabajo ficcional o de no ficción, tienes que haber leído toneladas de ejemplos anteriores a ti y has de tener, sobre todo, un ojo entrenado para cazar mentiras, verdades, apariencias. Es mucho más importante lo que el personaje no dijo que lo que realmente emitió, y mucho más aún lo que quiso decir de verdad y se pudo interpretar por un gesto. Toda esa amalgama de detalles se pierde si lo único que consumimos es un vergel de estímulos cuya mayor virtud es lo instantáneo y su capacidad y objetivo mayor, eventualmente, la viralidad.

Hay varios *streamers* que han creado un mundo posible y mejor para quien se siente atacado por el otro lado del muro. El propio Javier Milei logró auparse en el poder gracias a una estrategia hipersofisticada de relato en red que supo aprovechar dada la circunstancia inverosímil de la pandemia en la que él dijo estar «entre sus sábanas», las de los votantes, se entiende. Y tenía toda la razón. Y se rodeó de especialistas para lograrlo. En un mundo en el que nadie confía en nadie, mucho menos en los políticos, Javier Milei logró realizar una campaña en la que se metió en la intimidad de quienes se sentían abandonados, frustrados y postergados: el pueblo atacado por un virus mortal que solo les permitía comunicarse a través de pantallas asépticas pero muy poderosas. Y ahí estaba él, el *outsider* de la motosierra que prometía un futuro diferente.

Una vez que llegó al poder, Javier Milei no dejó de transitar una estrategia comunicativa en consonancia con lo que había transmitido en campaña. Logró oponerse como un candidato factible contra otro que representaba una economía en franca decadencia a la que ya no había manera de darle otra oportunidad. Y lo hizo erigiéndose, además, como un personaje atractivo para cualquier joven renegado: un loco con patillas, ojos azules, pelo despeinado y chaqueta de cuero, dispuesto a todo para sacar a la casta de las instituciones. Y ponerse él. Pero lo iban a defender siempre y cuando él siguiera a su vez sosteniendo el hilo ficcional de que su caso era distinto: un *outsider* auténtico que venía a poner fin al descalabro económico de los últimos tiempos en el país. Y, así, con esas premisas, el 56 % de la población eligió creer: esa es la cuestión. El relato es lo que hace mantener el poder, sostener la confianza, el apoyo del pueblo. Y es evidente que la izquierda «transformadora» hace tiempo que perdió ese fuelle. Sobre el tema de Milei hice en *Retina* la siguiente reflexión:

> Lo que sucede en los espacios de representación se refleja en lo que ocurre en la calle: el pueblo elige a sus representados y legitima, en ese acto, qué tipo de político desea. Evidentemente, no buscaban a un estafador, aunque parece que así ha sido, pero sí diríamos que buscaban a un violento. ¿Por qué? Porque la frustración era mucha y la desesperación muy grande. Argentina ha sido en muchas etapas de la historia una adelantada a su tiempo: en literatura, sin duda, ha estado a la vanguardia durante gran parte del siglo XX y lo que llevamos de XXI. La literatura funciona también como un espejo social, pero con un extra muy interesante: a través de ella podemos imaginar mundos posibles, jugar con posibilidades, explorar los límites sin, en principio, hacer daño real a nadie. Tal vez le damos demasiada poca importancia a esta herramienta tan útil.

Lo ha venido haciendo hace tiempo la escritora Mariana Enríquez, con un terror que era en realidad una advertencia política: los límites de los extremos, de la pobreza, del desahucio y la falta de futuro. La muchacha punk que escribió *Los peligros de fumar en la cama* o *Las cosas que perdimos en el fuego* nos llevaba de la mano por relatos horripilantes, no tanto por su capacidad de generar sensaciones de ese tipo, que también, sino porque su palanca narrativa estaba anclada en la sombra de la propia sociedad argentina. El arquetipo de la sombra no corresponde a una maldad clara y evidente, al revés, tiene más que ver con el miedo interno que llevamos dentro, aquello que tememos con más rigor porque, en el fondo, somos muy conscientes de que puede jugarnos una mala pasada en cualquier momento. El monstruo es más monstruo cuando es interno, cuando nace de nuestro propio ser.

Milei es el monstruo de un país con una potencia brutal en todos los ámbitos que se puedan ocurrir: das una patada y salen miles de talentos. Pero también se marchan. Argentina lo podría todo y, sin embargo, no puede. Su caos interno impide que las políticas públicas avancen hacia un lugar de consenso y crecimiento con una moneda que apenas puede levantar cabeza venga quien venga a enmendarla. Por eso la ilusión *crypto*, que es una vuelta más de la ficción, de la economía financiera donde el dinero real no existe como tal, sino que es un consenso imaginario, una ficción, encaja tan bien con los nuevos arquetipos que trata de instalar el nuevo relato de La Libertad Avanza, el partido bajo el que hace su controvertido camino político Milei[1].

---

[1] Violeta Serrano, «De aquel encierro, esta "libertad". Javier Milei: ¿por la boca muere el pez?», *Retina*, 26 de febrero de 2025. https://retinatendencias.com/cultura-digital/de-aquel-encierro-esta-libertad-javier-milei-por-la-boca-muere-el-pez/

# 13
# Si esto no es, ¿entonces qué?

Una de las entrevistas que me hicieron en la campaña fue muy hiriente. Me vinieron a poner en el mismo lugar que VOX, por considerar que Sumar estaría en el mismo paraguas por su característica de extremo. Lo que atiné a responderle al periodista en cuestión, con todo el respeto, es que VOX no defiende los derechos humanos y desde ahí ya iniciamos la partida con una diferencia elemental de base.

Pero eso no quiere decir que nosotros tengamos la razón sobre todas las cosas. Solo significa que cabalmente pensamos que hay que respetar ciertas cuestiones para empezar a hablar de otras. El problema es que el mundo se ha puesto tan macabro que hay cosas que comenzamos a aceptar como si pudiéramos hacerlo y que pensar demasiado sobre ellas, dada la vertiginosa velocidad a la que nos movemos, implica quedarnos atrás en decisiones importantes. La guerra de Gaza, la guerra comercial con Trump, la motosierra de Milei, etc. Demasiado que consensuar en un momento de carreras de Fórmula 1 en el que toca tomar decisiones rápidas, audaces y certeras. No es fácil en una amalgama como la de la Unión Europea que, por otra parte, es la estrategia más eficaz que hemos logrado en años para mantener la paz en el continente y obtener una prosperidad compartida, aunque sea desigual aún en muchos territorios.

El tema aquí radica en que, si damos por hecho que estamos atravesando el fin de un mundo, el que conocíamos, en el que la política iba a una velocidad asumible por la sociedad, en el que dábamos por buenos ciertos consensos, todo eso, en fin, se desmorona. Si cae, es necesario reinventarse. Y hacerlo rápido. Es interesante analizar esto desde el punto de vista de las modificaciones en el mundo laboral. Creo que en ese desfase radica gran parte del fracaso de la izquierda «transformadora» que no ha querido ver que el mundo cambió y que, por tanto, los interlocutores, sus intereses, su identidad, también. Por el contrario, la extrema derecha sí lo ha comprendido, y por eso su discurso va mucho más enfocado a un nuevo tipo de trabajador que busca negociar de otra manera su forma de poner en práctica su fuerza laboral. Es elemental saber a quién le estamos hablando para lograr que nuestras propuestas vayan dirigidas a solucionar los problemas reales de la gente y no solo aquellos en los que creemos que sí podemos incidir, porque, la verdad, a la mayoría de la gente le importa poco.

En este sentido recomiendo muchísimo visualizar un pequeño documental, realizado entre la productora Corta y Fundar, una organización dedicada al estudio, la investigación y el diseño de políticas públicas con foco en el desarrollo de una Argentina sustentable e inclusiva, como ellos mismos se definen. La protagonista y guía de este material audiovisual en *streaming* —y este es también un punto importante porque ya no se comercializa a través de los canales tradicionales, es decir, que la estrategia comunicativa debe también cambiar ya mismo—, Ofelia Fernández, fue la legisladora más joven de Latinoamérica con diecinueve años y la revista *Time* la incluyó entre las diez líderes más influyentes de la próxima generación. Tras la debacle de la llegada de Milei y el *shock* que se impuso en el progresismo por no saber siquiera cómo encajar el golpe para reconstruirse y seguir adelante de algún modo, ella se puso a pensar, a investigar, a realizar una reflexión profunda que trascendía el típico: «Es que no nos entienden porque los votantes eligieron mal mientras que nosotros somos los que tenemos la razón». Esa expresión desafortunada del «votar bien». No, quizás no tenemos más razón porque no hemos sabido ver el cambio en las necesidades y demandas que el nuevo pueblo trabajador precisa. La gente no vota bien o mal: la gente vota, y punto, ejerce su poder de decisión.

Pensémoslo así: para empezar, el documental está bien posicionado a nivel de SEO porque se basa en lo que mayormente mueve a la gente hoy, nos guste o no. *Cómo ganar plata*, se titula. Y sí, esa es la gran pregunta. Probablemente la frase que más ranquea en una búsqueda inocente de Google. Más aún en un país en el que el dinero se diluye como agua entre los dedos por la inflación galopante que no logran sacarse de encima y que, ojo, en Europa también puede llegar en cualquier momento si la guerra comercial avanza. Por tanto, deberíamos mirar con menos lástima y más ánimo de aprendizaje sobre quienes tienen experiencia en lidiar con sistemas económicos en crisis constante, porque, nos guste o no, la estabilidad se esfumó y nos vuelve a tocar —a todos— bailar con la incertidumbre. Y esa, a partir de ahora, será, al menos durante un tiempo, la única certeza.

La rutina que ordenaba la vida del trabajador del siglo XX se ha roto. No en todos los casos, pero sí en una inmensa mayoría. Es decir, siguen existiendo algunos trabajos que implican un horario específico, por ejemplo, los que se desarrollan en fábricas, pero lo común es aceptar horarios líquidos en los que la conexión constante a la fuente de ingresos no termina jamás. Y tampoco asegura ninguna linealidad exponencial: se ha quebrado la lógica de ir abriendo puertas hasta medrar y llegar a estar en un punto mejor que te permita, por ejemplo, alcanzar la estabilidad suficiente para pensar en comprarte una casa, un coche y todo aquello que las mieles del siglo XX propusieron con el desarrollismo. El tiempo vuelve a ser cíclico, pero, ojo, en realidad, nunca ha dejado de serlo, y ahí radica nuestra principal ventaja: el problema es que la estamos abordando desde los postulados del capitalismo salvaje mixturado con la tecnología de las comunicaciones sin tregua, y eso mata. Distinto sería si utilizásemos la lógica de los ciclos que la naturaleza nos muestra y la ordenásemos a nuestro favor, respetándola, pero optimizando sus puntos débiles a través de la innovación que la tecnología también supone. Pero sigamos aún en el análisis de los porqués, las razones por las que la conexión virtuosa entre política de izquierda «transformadora» y cuerpo trabajador se ha roto y, más que eso, se ha transferido en gran medida al apoyo a opciones de extrema derecha, que, en principio, no van a sostener a los más vulnerables. La vieja creencia ya no funciona: se ha quebrado la fe.

Hoy los trabajadores, como decíamos, son, por lo general, funambulistas. Cada cual elige en qué creer y afina el tiro en función de su fe particular. En el documental de Ofelia Fernández se conversa con casos diversos: una empleada fabril típica, el ejemplo más obsoleto de todos y el único al que quizás sí se le sigue hablando desde los postulados de la izquierda «transformadora» porque a alguien así sí le puede interesar, entre otras cosas, que se reduzca la jornada laboral. Pero, a decir verdad, los más interesantes son el resto, porque son los trabajos del futuro o los de ya mismo, los del presente. Una es una emprendedora del campo de la cosmetología: harta de estar a las órdenes de otros que apenas le reembolsaban lo suficiente para comer, decide abrir ella misma su propio salón. Y entonces los problemas se vuelven en contra: el muerto se ríe del degollado. La burocracia, los permisos, la gestión de las redes sociales y las reservas a tu cargo, las empleadas que fallan, el estrés constante porque todo cae bajo tu responsabilidad y, al mismo tiempo, no tienes margen para poner mala cara porque el cliente siempre tiene la razón. Los costos suben y, de todas maneras, tienes que seguir poniendo el pecho a las balas. El perfil de ese tipo de emprendedor que se lanza a la carrera sin demasiada red, sencillamente porque no le queda otra y tiene la audacia suficiente para hacerlo, es uno de los que operan en el discurso de la extrema derecha. Trabajador, valiente, con esperanza de cambiar el país desde su propio inicio de movimiento. Lo único que quiere es que le dejen probar sin condicionantes: estar en una situación de tanta valentía y sentir que los impuestos te ahorcan no es agradable, por eso ahí también el discurso de la motosierra de Milei caló más.

Otra emprendedora va más allá del terreno y se lanza a la creación de contenidos. Un empleo nuevo que puede generar buenos beneficios, pero que tiene su contracara. No tiene nada que ver con sentarse y hacer lo que se me ocurre, sino más bien con construir una planificación específica, producir enganche sostenido y, lo peor de todo, estar a expensas de lo que los algoritmos dicten. El juego consiste en darle comida a la máquina de manera constante bajo el yugo de su castigo sordo. ¿Cuál? Hacerte invisible, desaparecer, después de haberte hecho adicta a su estimulante aprobación. Pero ante esa lógica, nuevamente, el discurso de la izquierda «transformadora» no opera desde la posibilidad de mejora, sino de censura. Esto está mal y punto, pero no hay alternativa concreta que permita dialogar con la realidad de que esto ya es una nueva forma de relación laboral muy difícilmente regulable. Asumámosla y escuchemos los nuevos dolores de los nuevos trabajadores de la industria digital. Y cómo desbancan, a su vez, a los creadores tradicionales. Porque ahí también opera un desliz interesante: cómo la cultura que se produce acaba siendo retroalimentada según lo que las plataformas deseen ponderar. Lo que antiguamente filtraba, por ejemplo, un editor, ahora sale al ruedo y es la red misma amalgamada según su memoria e intereses la que mata o decreta el éxito de un contenido específico. Qué lejos queda el concepto de obra de arte y qué confusión, también, tratar de identificar una cosa con la otra. Si en otro tiempo eran los cantautores que versaban a la revolución los que movían la aguja de la juventud, hoy más bien la conexión proviene de lo que grandes artistas generan, pero no solo, sino de cómo son capaces de hacerse visibles entre la avalancha de producciones que pueblan la red. No basta con ser bueno en lo que haces, también hay que saber venderlo, hacerse visible, existir. Y, otra vez, la esclavitud de este siglo te atrapa.

Para salir de ella están también los que se amoldan a la timba financiera. Ese es otro de los perfiles que Ofelia Fernández analiza en este documental. Tal y como todos tenemos la posibilidad de ser emisores de mensaje desde nuestros teléfonos móviles, también podemos convertirnos en *brokers* de bolsa al más puro estilo Wall Street, pero desde el salón de tu casa. Los nuevos inversores que confían en la vuelta de tuerca infame de la economía financiera son otra fauna que ha entrado con fuerza en la economía del siglo XXI. Son quienes más apegados a la ficción trabajan, ya que apuestan, creen, colocan su fe en un lugar determinado: aterrizan su deseo en monedas que no pueden tocar y, sin embargo, la adrenalina les recorre la sangre como pocas cosas antes. Por supuesto, los nuevos políticos de la tecnoutopía están a favor de esta nueva forma de generar especulaciones económicas. Y de nuevo, la izquierda «transformadora» apenas ha atinado a escandalizarse. ¿No puede este tipo de relación económica del futuro y ya del presente ser un punto de interés para nuevas formas de relacionarnos con el dinero? Innovar en el modo en el que intercambiamos bienes no me parece algo de lo que haya que huir; al contrario, lo ideal sería enfrentar esta realidad e idear monedas que integren valores que, tal vez, tengan poco que ver con las finanzas incontrolables y sí más con significantes específicos de su representación concreta. El dinero no tiene más valor que generar intercambio, pero la economía financiera quebró su función primordial.

Dice Gabriela Vázquez en uno de sus artículos que la vida en el campo implica romper esa lógica por el simple hecho de que no puedes abarcar más que lo que la propia tierra que habitas te da. Así era antes, y algo de eso debemos retomar para frenar este escándalo vertiginoso que nos está atrapando en una lógica que nos mata. Ella lo llama «el comunal»:

> […] el comunal tiene algo que el sistema capitalista jamás podrá permitirse: la imposibilidad de acumular sin límite. Nadie puede controlar más tierra de la que puede pisar. Nadie puede tomar decisiones sobre un territorio en el que no vive. Nadie puede enriquecerse a costa de que otros, muy lejos, sufran las consecuencias.

Esa limitación, que para algunos podría parecer un obstáculo, es en realidad una enorme virtud.

Porque evita el extractivismo. Porque impide la concentración de poder. Porque acerca las causas a las consecuencias. Porque convierte la política en algo que te afecta directamente a ti, a tu vecino, a tu hija. Y eso, hoy, es revolucionario.

Lo más hermoso —y lo más difícil— de pensar en los comunales como parte del futuro es que su lógica choca frontalmente con la forma en la que nos hemos acostumbrado a vivir.

En las ciudades, todo se compra. Todo tiene precio. Todo es mérito. Y la soledad se ha vuelto tan estructural que hasta pedir ayuda parece una debilidad.

En los comunales, el derecho viene del vínculo. No hace falta ganar nada. No hace falta ser brillante. Solo hace falta estar[1].

Volviendo al documental en el que se analizan las lógicas laborales actuales tan alejadas de la sencillez de la tierra, otro de los perfiles que aparecen es el del empleado público. Aquí toca hacer una gran salvedad con España. En la Argentina ser empleado público, a no ser que tengas un cargo jerárquico alto, no asegura apenas nada. Ni un sueldo suficiente mientras estás en activo ni mucho menos una jubilación que garantice una vejez digna y sosegada. Así, tienes, por ejemplo, un cuerpo de policía dispuesto a sacarse unos extras con lo que sea, porque, sí, amigo, todos queremos comer. Aunque aún estamos lejos de esa situación concreta, lo cierto es que cada vez hay más traba-

[1] Gabriela Vázquez, «Y sin embargo, aún podemos volver a la tierra», *Pikara Magazine*, 23 de abril de 2025. https://www.pikaramagazine.com/2025/04/y-sin-embargo-aun-podemos-volver-a-la-tierra/

jadores rotos en ámbitos en los que los necesitamos enteros, lúcidos y felices: me refiero a docentes que se encargan de que los valores educativos se integren en la sociedad, a médicos y enfermeras que velan por nuestro bienestar cada vez con menos capacidad de maniobra, y cuerpos de seguridad que, según donde vivan, ponen demasiado en peligro por cada vez menos rentabilidad económica. Entonces, ojo, porque la tortilla se puede dar la vuelta, y cuando las estructuras del funcionariado más amplio fallan, el Estado todo se pone en peligro porque cojea su credibilidad.

Y eso también es lo que da pie a que figuras como Milei o Trump avancen: si mis impuestos no se traducen en una atención que me ofrezca garantías de proyección para mis hijos, sanidad a la altura de mis dificultades y seguridad plena por lo que pueda ocurrir en un mundo cada día más amenazante, ¿para qué quiero el Estado? Desde luego, es un planteamiento simplista, pero muy arraigado en una gran parte de la población que no tiene por qué intelectualizar todo lo que le ocurre y que sabe que antes estaba mejor y ahora «nada» funciona como hace un tiempo. Y es cuando la idea de «dejadme que me salve solo» se consolida. Aunque sea falaz.

Obviar ese sentimiento es lo que lleva también a que los postulados de la extrema derecha penetren con mucha mayor facilidad en sectores que se sienten abandonados y sin esperanza de que las cosas cambien. Tal vez porque tienen demasiado fresca una nostalgia de los años noventa, por ejemplo, en la que el derroche era una posibilidad bastante amplia para cualquier trabajador medio.

Pero la burbuja se rompió y ahora toca revisar cómo volvemos a ilusionarnos y, quizás, eso venga de frenar esta carrera absurda y volver a mirar de frente a la tierra.

## 14

# Una propuesta revolucionaria que no estás dispuesto a aceptar

Vivimos en un sistema que se sostiene a medida que genera más y más consumo. En la práctica se trata continuamente de crear vacíos que debemos llenar, que deseamos llenar. La cuestión es que esa mecánica se está volviendo perversa porque el mundo, el planeta mismo, se agota. Y esta sensación de finitud cabalga a lomos de nuestra desazón. Queremos ser felices y lo intentamos, pero hay un mar de fondo que no nos deja caminar aliviados. Sabemos que algo falla, algo que no es concreto ni se manifiesta ya mismo en toda su plenitud, pero que ronronea en nuestras espaldas como un gato aparentemente dócil, aunque, al mismo tiempo, está siempre a punto de saltar a la caza de una presa sin piedad alguna. Hay un sentimiento general no ya de fin de época, sino de límite, de imposibilidad de imaginar siquiera lo deseable, de frustración. Es probable que a la gente más joven le pegue más fuerte, puesto que tiene más futuro que pasado, pero también golpea en la boca del estómago de quienes han decidido ser padres o la vida les ha traído la responsabilidad de ser abuelos. Se escucha todo el tiempo un lamento entre cafés, confesiones de angustia desde la confortabilidad que aún sostenemos: ya no es solo qué mundo les vamos a dejar, sino si habrá algo que se parezca al mundo que hoy habitamos.

Hace unos años entré a ver una exposición en el Centro de Cultura Contemporánea de Barcelona (CCCB) que me dejó con una sensación de abismo en las entrañas. Se titulaba «Después del fin del mundo», y sí, realmente planteaba cómo podría ser la vida en un planeta arrasado por el cambio climático. Por supuesto, ese movimiento de cambio implicará *shocks* económicos asociados: no se trata solo de ver cómo el calor avanza y los fenómenos extremos se instalan en nuestro día a día como forma de la normalidad. Si escasea el agua, las fuentes fundamentales, habrá mucho más que pena ante la desolación: habrá violencia y luchas por el control económico de los bienes escasos. No es una quimera, es una realidad cada vez más cercana. De hecho, las migraciones hoy también tienen una causa de este tipo.

He vivido muchos años en un país como Argentina, donde lo proyectado se destruye y reconstruye en una mecánica perversa en la que, no obstante, la vida acaba fluyendo para adaptarse y continuar a pesar de todo, aunque cada vez más dolidos, más esqueléticos, más flaquitos, más rotos. Decir que el mundo va a terminar implica demasiado: aun cuando las catástrofes naturales cada vez son más contundentes, no se trata de pensar un fin común y orquestado en una armonía perfecta de apocalipsis. Probablemente lo que ocurra, como ya está sucediendo, es que deberemos adquirir formas de vida que en otro momento nos parecerían impensables y, sobre todo, estaremos obligados a convivir con la incertidumbre. En aquella exposición, por ejemplo, se veía cómo se podría cultivar alimento no convencional, creado en laboratorio, y cómo el único verde que se podría apreciar sería, tal vez, un jardín vertical en los salones de departamentos cada día un poco más ínfimos por la burbuja de los precios del suelo, cuyo acceso para una persona normal es ya un imposible en las grandes capitales masificadas.

La pregunta por tanto es, si ya hemos imaginado un final que nadie, o casi nadie, preferiría para sus hijos y nietos, ni, obviamente, para sí mismo, ¿por qué no empujamos para generar un volantazo consensuado que nos aproxime a una idea de futuro amable y apetecible? ¿Estamos aún a tiempo? Quienes están empujando a la consecución de un escenario apocalíptico son quienes desean que el miedo se instale entre nosotros: el temor provoca parálisis y resignación. Ante el abismo, asistimos a un vacío que hay que dotar de contenido. El tecnofeudalismo ya lo está haciendo presionando por alejarnos de nuestra raíz, enloqueciendo nuestro cerebro a través de algoritmos frenéticos con lo vertiginoso e inasequible para la mente humana que ello trae consigo, pero ¿hay una contrapartida apegada a algo tan sencillo y humano como el contacto con la naturaleza y la conciencia de sus ciclos?

Si, como hemos dicho, estamos habituados a trabajar sobre el vacío, sería bueno echar la vista atrás y revisar qué terrenos que hoy están poblados de la nada misma y que pueden, en cambio, reconvertirse en terreno fértil para un futuro diferente al que estamos imaginando hoy, pero quizás mejor del que podríamos intuir siquiera. Sabemos que la tendencia es que las personas nos sigamos yendo a habitar pisos en grandes capitales porque es allí donde se acumulan mayores bienes y servicios, posibilidades profesionales que nos impulsan y una vida social que parece hacernos sentir que estamos donde debemos estar, que no nos estamos perdiendo nada relevante. Sin embargo, también sabemos que esas ciudades serán insostenibles si no cambiamos el modelo radicalmente y, aun así, no parece viable que un porcentaje absurdamente alto de la población se acumule allí dándole la espalda a lo que realmente pone en pie el sistema, que no es un ordenador último modelo ni un inmenso centro comercial ni las luces que perforan las pantallas, sino, simple y llanamente, el alimento.

La ciudad vive de espaldas al campo, desconectada de lo único relevante para el día a día: comer. Hemos relegado ese hábito a cambio de nuestra libertad. Y, en el fondo, no tiene mucho más anclaje que ese. No ser dueños de la tierra implica no tener la posibilidad de negociar los precios de los alimentos que llegan a una superficie comercial, siempre y cuando toda la cadena funcione como debe. ¿No es un tanto temerario estar a expensas de que nada se fragmente en un mundo tomado por la más absoluta incertidumbre? Lo único que puede salvarte en caso de catástrofe, como ya ocurrió con el covid-19, es ser, en buena medida, autónomo en lo elemental. Lo vivimos a nivel país, pero también se podría analizar a nivel particular.

En mi caso, por circunstancias personales, en el momento en que estalló la pandemia estaba de viaje en España: había venido a dar una conferencia y me iba en apenas veinte días. Por aquella época aún vivía en Buenos Aires. No pude regresar. Me tocó quedarme y lo hice en el pueblito en el que ahora vivo: el de mis abuelos, en el que mis padres han decidido también pasar su vida. En aquellos días plantábamos, ocupábamos nuestro tiempo del mismo modo que habíamos hecho aquí siempre, pero con una diferencia: no era ocio ni una cuidada alimentación para disfrutar de sabores auténticos, sino necesidad vital. No sabíamos qué iba a suceder, pero sí que no nos iba a faltar lo básico. Esa comprensión me hizo replantearme qué era lo que verdaderamente otorgaba la libertad a un ser humano y hacia dónde estaba yo corriendo exactamente en mi carrera laboral: ¿cuál era el premio final? ¿Alienarme aún más a cambio de un sueldo que no me daría nunca la seguridad de la tierra? ¿Trabajar para obtener un dinero que cambiaría por una alimentación que no me pertenece porque ni sabría cómo se cultiva ni estaría asegurada siempre en el súper de turno? Cambió todo un sistema de valores. Y al mismo tiempo sé, justamente por haber nacido nieta de campesinos, que la vida en el campo no es el paraíso. Pero ¿estamos analizando bien las posibilidades que tenemos hoy en día con los avances que podemos lograr para generar vidas felices en entornos que pueden ser mucho más confortables de lo que pueden llegar a serlo en el contexto actual las grandes capitales? ¿Por qué no usamos la tecnología a nuestro favor en vez de pegarnos tiros en el pie? ¿Por qué dejamos que otros la usen para instalar en nosotros un individualismo feroz que solo decanta en un miedo que, a su vez, nos vuelve a meter en la trampa de darlo todo a cambio de una seguridad que no es tal? ¿Por qué entonces no le damos la vuelta e innovamos para que la fuente de la vida, que es el campo, genere condiciones saludables y apetecibles para que tanta gente que se siente perdida y frustrada encuentre un camino de buen vivir ahí donde nadie mira?

La generación de mis abuelos solo quería que sus hijos y sus nietos pudieran estudiar o, en cualquier caso, encontrar un trabajo lejos de las penurias del campo, siempre a expensas del clima o de una mala cosecha por razones diversas. Ese campo suyo apenas estaba mecanizado y mucho menos tecnologizado, ni podía adelantarse a las inclemencias del tiempo con sistemas de previsión, más allá de los rudimentarios. Pasaron hambre, frío y carecían de perspectivas. No querían eso para sus hijos. Mi propia abuela perdió una hija por las circunstancias adversas en las que nació: apenas un bebé y muerta, así, sin más, sin réplica para nada. ¿Quién quiere vivir algo así? Por supuesto que tenían toda la razón en hacer lo posible para que sus descendientes se fueran en búsqueda de una vida más amable, confortable y supuestamente feliz. Acuciados por ese sentimiento generalizado y visualizando el desarrollismo que se estaba dando en la industria en España, hubo un gran éxodo que fue dejando desiertas las zonas que antes se dedicaban a la agricultura y a la ganadería. A partir de los años cincuenta, el campo se quedó tembloroso y solitario y, poco a poco, con el paso de los años, se convertiría en un lugar felizmente fotografiable al que regresar solo en verano, en el mejor de los casos, o en los puentes que la vida laboral intensa permitiese destronar de la barbarie capitalina en la que todo es para ayer y no es posible atemperar los nervios ya con otra cosa que no sea Prozac.

La pregunta es ¿y si le damos la vuelta?, ¿y si los grandes centros neurálgicos son justo eso, lugares en los que compartir aprendizajes y desarrollo, pero como excepción y no como regla? Si habitar en las grandes capitales se ha convertido en una carrera de obstáculos para la mayoría de la gente, ¿por qué no demostrar que se puede vivir mucho mejor en los territorios que nuestros antepasados abandonaron sin por ello perder el contacto con los centros de poder político, económico y social?

Sería, además, una gran solución para varias cuestiones: la primera, la lucha contra el reloj biológico de la propia tierra maltratada por nuestro consumo desmesurado e inconsciente. Es curioso cómo tratamos de tapar el sol con un dedo cuando es imposible que el astro rey se oculte. Esa es la actitud vital que tenemos hoy, y no es que sea grave, es que es temeraria y estúpida. Hay muchos ejemplos de señales de alerta claras que nos están poniendo frente a los ojos. Uno muy didáctico y útil es *El libro de la huerta. Agroecología para la autonomía alimentaria*, una obra fundamental del argentino y médico veterinario Guillermo Schnitman, con prólogo de Vandana Shiva. En él no solo da ideas de cómo y por qué cultivar tu propio huerto, sino que explica las razones por las que esta idea, que hace unos años era tal vez solo una decisión personal, hoy, en cambio, se ha convertido en una cura para el planeta.

> La agricultura orgánica regenerativa, libre de combustibles fósiles y basada en la biodiversidad, maximiza la fotosíntesis, la tecnología que emplea la naturaleza para capturar carbono y que a la vez produce alimentos y oxígenos. Es la misma tecnología natural que regula el clima y que ha estado enfriando el planeta durante más de cuatro mil millones de años. La agricultura ecológica basada en la biodiversidad intensifica la fotosíntesis y es una solución a la vez climática y alimentaria. [...] Trabajar de acuerdo con las leyes de la naturaleza, intensificar la biodiversidad y regenerar el suelo a través de la agricultura ecológica —sin agroquímicos fósiles— puede cerrar la brecha de las emisiones y contribuir a emisiones negativas, extrayendo dióxido de carbono del aire y almacenando en las plantas y el suelo, produciendo alimentos abundantes y abordando al mismo tiempo el problema climático. [...] Es en la huerta donde empezamos a abordar la crisis planetaria. Somos parte de una Tierra viva, interconectada. Nuestras acciones locales producen impactos más allá del ámbito local.

Podemos regenerar el *oikos*, nuestro hogar común, la tierra viva, cultivando huertas de esperanza, huertas de vida, huertas de libertad[1].

Y esto, en pleno siglo XXI, no es ser *hippie*, es ser responsable con el momento histórico que estamos viviendo.

---

[1] Guillermo Schnitman (comp.), *El libro de la huerta. Agroecología para la autonomía alimentaria*, Buenos Aires, La Marca Editora, 2024, pp. 13-14.

# 15
# Amor y ternura

No llevaba dinero encima. Manoseamos unas cuantas piedras en el paseo por el Rastro madrileño que hicimos antes de entrar al que sería el primer acto de campaña como tal. Ella dijo que quería la rosa. Preguntó qué significaba. El vendedor le habló de amor pero, sobre todo, de ternura. Ay, sí, eso, eso, mucha ternura nos va a hacer falta. Y nos llevamos una cada una; éramos tres mujeres, y un hombre más que nos acompañaba, cuyos caminos se iban a bifurcar invariablemente; pero eso, ahí, en ese momento, bajo el solazo de julio, aún no lo sabíamos. Quien sacó la cartera para pagar ese capricho aparentemente sencillo fue él: alguien que tenía mucho más poder del que aparentaba, aunque de eso me daría cuenta más adelante. Alguien suave, correcto, discreto, pero siempre presente. Alguien que impondría parte del equipo con el que yo trabajaría después, independientemente de su idoneidad. Alguien que también renunciaría a tener cargos orgánicos en el partido poco después de haberlos aceptado. Alguien que, durante varios años, sería diputado del Parlamento. La única que se quedaría fuera de ese espacio, a pesar de haber hecho la campaña más comprometida, sería yo. Pero eso en aquel instante no me importaba. Mi objetivo seguía siendo el mismo: que la extrema derecha no entrase por mi territorio. Y no entró.

Aquella mañana empecé a entender qué pasa cuando te devora la imagen que otros proyectan en ti. La esperamos en un punto estratégico al que nos llevaron los de seguridad. Ahí aparecería en un coche oficial, perfectamente vestida y maquillada, aunque ya, en aquel momento, los más cercanos le preguntaban si se sentía bien, si había dormido. Más tarde yo también comprendería por qué tantas veces esa pregunta concreta. Y sonreía, muchísimo, y era, de alguna manera, envolvente. Tenía, todavía, ese halo de admiración que despertaba en quienes quisimos confiar en su supuesta diferencia, en su empuje que, después, en realidad, nunca fue tal. Pero esa mañana aún podíamos soñar. Y soñamos.

Yo, particularmente, me sentí abrumada. En su discurso hablo de mí con admiración. Habló de alguien que había tenido que abandonar su tierra para buscarse la vida muy lejos de casa, en Argentina, como efectivamente así fue. Mientras la escuchaba delante de una sala llena a rebosar, me costaba controlar las pulsaciones. A estas alturas ya apenas se me notan los nervios cuando estoy en público: supongo que, a fuerza de practicar y de exponerme, me he convertido en una especie de profesional de la comunicación que sabe siempre cómo salir de cualquier embrollo y, en especial, no mostrar nervios o inseguridad sobre un escenario. Así que me ilusioné por dentro, traté de procesar que una persona a la que admiraba tanto me estuviera poniendo como ejemplo ante un país y me hubiese pedido que la acompañase en su candidatura para ser la primera presidenta del Gobierno de España. ¿Cómo iba a decir que no? El vértigo nunca me ha parecido razón suficiente para evitar un presunto abismo. Lo que fue, de hecho, a fin de cuentas.

Mientras escuchaba su discurso tocaba aquella piedra rosa, aquella ternura prometida, aquella ilusión. Durante la campaña la tuve muy cerca, aún hoy la tengo en la mesita de noche al lado de mi cama. Aunque ya no sé por qué. Supongo que porque me recuerda un momento de ilusión, de fe, de creencia, y eso, en medio de las crisis, es siempre algo que se debe agradecer. En aquellos días en los que tenía ataques de ansiedad, cuando nadie me veía, apretaba después la piedra en mi puño y me convencía a mí misma de que debía seguir, avanzar a pesar de todo, seguir adelante para sacar el mejor resultado posible, aunque no fuera para mi propio beneficio, puesto que sabía, por estadística, que no me convertiría en diputada desde una provincia tan devastada por la despoblación como la mía presentándome desde un partido de extrema izquierda.

En mi discurso, que había estado preparando toda la noche anterior, senté las bases de lo que era mi propósito político: que justamente tierras como la mía dejasen de ser un problema para convertirse en una oportunidad. Que fuesen, verdaderamente, un espacio de reinvención posible, campos de cultivo convertidos en reequilibrio territorial, en esperanza para quienes la han perdido, en materia de trabajo para las ideas de la izquierda y no únicamente, como ahora ocurre, en abono para las ideas de odio y polarización que la extrema derecha promueve con tanta facilidad entre quienes se sienten abandonados y con la autoestima rota por años y años de olvido sobre sus hombros y aún sobre los de sus hijos e hijas. Lo dije con el corazón en la mano, porque así lo siento, y percibí la emoción entre la gente que allí estaba, incluso en medio de Madrid, porque, como digo siempre, Madrid está lleno de inmigrantes del interior, hijos de quienes vieron en el desarrollismo la oportunidad de mejorar sus antiguas vidas agrícolas y precarias. Y así fue, pero ¿ahora? Ahora hay que reinventar la prosperidad y no está, desde luego, en jaulas urbanas masificadas y a precio de oro. Las soluciones viejas no están a la altura de los nuevos problemas que este sistema obsoleto nos ha legado.

Volviendo a recordar aquel día, quiero creer que ella nunca fue consciente de lo que puse en juego por acompañarla. Que tirarme a los perros sin preguntar siquiera si había red para salvarme pasó por delante de su vorágine. Eso lo pienso los días optimistas. Los otros días, los más opacos, pienso que fue perfectamente consciente de mi debacle, y no le importó en absoluto. Lo cierto es que nunca más preguntó por mí, ni ella ni su equipo más cercano. Quienes siguieron ahí, estuviera ella o no, fueron los dueños de otras piedras que no se venden en rastros pijoprogres del barrio de Malasaña: los viejos mineros.

Su roca de unidad es la única en la que confío desde entonces y hasta hoy. Ni cuarzo rosa ni cámaras de diferente ángulo: piedra y camino, como decía Atahualpa, esa es la única verdad en la que sigo creyendo y por eso considero que si la izquierda puede regenerarse otra vez debe hacerlo pegada a la única gente que entiende la política como una herramienta transformadora, no de uno mismo, sino de su comunidad. El amor y la ternura se demuestran caminando: hechos, no palabras. Como los misioneros ocultos tras las mayores desgracias, trabajando en silencio por quienes más lo necesitan, sin perder el foco de lo único importante. Los auténticos. Los últimos. La resistencia.

# 16
# El pasado de los *boomers* como futuro de los *millennials*

Hace un tiempo me pidieron un artículo para la revista *Telos* de Fundación Telefónica que titulé como este capítulo. Era un número sobre el diálogo intergeneracional y lo que quise fue cristalizar en apenas ocho páginas la idea que, en el fondo, me había catapultado a tratar de meterme en política para empujar a la sociedad española hacia una realidad que no solo veo tangible, sino necesaria. Se trata de construir un nuevo imaginario en el que aquello que fue abandonado por nuestros antepasados se convierta hoy en un territorio de futuro y esperanza.

En la que hoy llamamos la España vacía, vaciada u olvidada, como prefiero denominarla yo, porque el olvido sencillamente desaparece si logramos imaginar un futuro sobre él, y esa es la primera piedra del rompecabezas. Creo que hay esperanza en ese sentido, estamos ante una oportunidad increíble, un resurgir del medio rural adecuado a los tiempos del futuro que ya son el presente. Sobre todo, en España, por su geografía y su disposición actual en la que la red de transporte e infraestructura general es lo suficientemente potente como para escalar un poco más y llegar a la inmensa mayoría de la población. De hecho, el país de los treinta minutos no termina ya en las grandes capitales, sino también en las zonas rurales en las que se está trabajando para lograr atención y servicios suficientes para que estos lugares, en otra época dejados de la mano de Dios o, más concretamente, de la mano del Estado, sean ahora espacios donde la vida, si se quiere, no solo sea posible sino deseable.

Pasa como con todas las guerras. Tras la batalla, el terreno queda abatido, humeante, sin otra cosa que hacer que, por obligación, ponerse a trabajar sobre él para volver a construir lo que la masacre deja. La economía vuelve a estimularse porque la construcción implica toda una serie de dinamismo asociado: reconstruir un país es un negocio excelente. ¿No tenemos nosotros mismos todo un país interno que volver a poner en pie, abandonado como estaba en gran parte de su geografía tras décadas de desarrollismo que no nos han traído a ningún otro lugar que al desfase entre el deseo y la posibilidad?

Cuando decidí construir mi casa en una aldea de menos de cien habitantes en la Maragatería, no busqué ruinas que tratar de poner en pie, sino lo que más había: campo. Me fijé en el primero sembrado que estuviese más cerca del casco urbano, para convertir el espacio agreste en urbanizable y así poder tener acceso a los servicios fundamentales a un precio mucho más bajo: agua y luz. Elegí un solar que nunca había visto de esa manera: habré pasado por esta calle cientos de veces desde que tengo uso de razón, y algo antes mucho más. Era el terreno de mi infancia, de mi época de inocencia pura, de locura feliz en la que la inconsciencia hace su trabajo. Con ese telón de fondo crecí y, sin embargo, para mí, aquel trozo de tierra sembrado de trigo año tras año nunca fue una posibilidad de nada. Creo que para nadie de mi generación con intenciones de construir su hogar: nos enfocaron a huir, a buscar el futuro lejos de nuestra raíz.

En cambio ahora, cada vez que alguien pasa por este camino que lleva a la iglesia del pueblo, se para, suspira, admira el hecho de que sea real una casa moderna, autosuficiente energéticamente, hermosa, aunque humilde en sus materiales sin desentonar con el entorno y con unas vistas al Teleno espectaculares a través de cristaleras enormes con un aislamiento de primera categoría. Y los mayores sonríen porque al fin alguien haya tomado la decisión de invertir aquí su dinero y su vida. Y los jóvenes se detienen y suspiran porque les queda la duda en el corazón de si estarán haciendo bien gastando lo poco que ganan en alquileres estúpidos en los que nada les retornará, salvo vacío. No lo invento: los que se paran el tiempo suficiente y me pillan fuera arreglando el jardín o trabajando en la huerta me lo dicen. Que les gustaría, pero, ay, no se atreven. Y es normal. Se trata de dar un marco de garantías suficientes como para que quienes desearían vivir de un modo apegado a la raíz y a la vida natural sin perder por ello la posibilidad de desarrollarse como profesionales de éxito puedan hacerlo. Nadie se va a sentir atraído exclusivamente por una noción de responsabilidad respecto al uso de la tierra y la autonomía alimentaria: no lo pretendo. Lo que busco es dar argumentos para que muchas personas vean las zonas de olvido como fuentes de vida plena y mucho más feliz de lo que pueden lograr en otras zonas masificadas, aunque tradicionalmente mucho más atractivas. Lo que hay que hacer, para comenzar, es redefinir la noción de éxito. Porque vivir en una rueda de hámster sin duda no lo es. Entonces, ¿qué es el éxito en el siglo XXI?

En la época de mis abuelos y la infancia y juventud de mis padres aquí no había casi nada. Sí lo elemental, pero no lo suficiente para vivir una existencia plena, o lo que nuestra generación, más acostumbrada al confort y al bienestar, pudiera considerar como plena. Lo único que queda en pie y, es muy importante, es el silencio y una soledad que no es tal. Acostumbrarse a escuchar todo lo que el silencio guarda en estos lugares es un modo de entender que el ruido puede ser productivo, no económicamente, sino en el sentido de un crecimiento personal y colectivo brutal. Quienes aprendemos a escuchar el campo sabemos cuándo un rebaño se acerca, cuándo los pájaros se atormentan, cuándo las ranas y renacuajos vibran al acercarse la noche primaveral, cuándo las cigüeñas sienten deseo de incendiarse y traer otras por aquí que seguirán apareciendo cuando los cambios de estacionalidad lo dicten. También cómo tiran del nido a las que creen que no van a prosperar y sencillamente mueren: la naturaleza no solo es bella, es aleccionadora y brutal. Aquí el valor del dinero cotiza poco. No necesitas acumular demasiado porque no tienes la posibilidad de consumir constantemente para sentirte vivo: es el viento, la luz del sol, la paz que da saberte bajo un manto de estrellas cada noche; eso es lo que da la verdadera serenidad y te ayuda a salir de la trampa. Pero no basta. Hay que crear una comunidad nueva en la que lo antiguo se mezcle con lo nuevo para dar lugar a un regenerado ente social que mejore los problemas de lo que aquí había antes y que alivie los desastres que hemos creado al ofrecer solo monstruos desconectados de su raíz y ávidos de correr en una ambición desmedida sin saber muy bien hacia dónde están dispuestos a llegar. La máquina va mucho más rápido que nuestra capacidad humana de alcanzarla: haríamos bien en aceptar que no vamos a ser más rápidos que ella y que el mejor camino para encontrar sosiego es evitar una carrera en la que estamos condenados a perder. Y hay salida.

El declive secular que vivieron decenas de provincias en España en los años cincuenta en favor de un impresionante aumento demográfico que fue a parar a Madrid, Barcelona y Bilbao, mayormente, implicó un *shock*, el mismo que hoy puede constituir una oportunidad inversa. El escenario de penurias que se dejaba entonces atrás es hoy un terreno de oportunidades para quienes no encuentran acomodo en ciudades que expulsan con cada vez más virulencia a quienes no han heredado suelo en las capitales o contactos suficientes para hacerse hueco entre el maremágnum insólito que ofrece la belleza inalcanzable de los centros urbanos. El problema de la vivienda, para empezar, es un talón de Aquiles clave en lo que estoy proponiendo. En las zonas rurales también hay un problema fundamental de falta de techo; sin embargo, ponerle puertas al campo, paradójicamente, aquí sería relativamente más fácil que cortar el desajuste brutal que hoy cabalga a sus anchas por los centros de las ciudades. Aquí hay casas para reconstruir y hay, sobre todo, mucho terreno que podría reconvertirse en edificable. Lo que nos sobra es tierra. Pero, ojo, cabría hacerlo aprendiendo de los errores del pasado: en aquella época de desarrollismo urbano siete millones de viviendas construidas con dinero público pasaron a manos privadas entre 1951 y 2015, como indica Dioni López en su libro[1]. Desde 2008 sabemos que hay más población urbana que rural en el mundo, y que la tendencia engrosaría estas cifras en el próximo tiempo, pero, a la vez, también sabemos que este *boom* no traerá nada bueno, sino mayores desigualdades y problemas

---

[1] Jorge Dioni López, *La España de las piscinas. Cómo el urbanismo neoliberal ha conquistado España y transformado su mapa político*, Barcelona, Arpa, 2023 (6.ª edición), p. 36.

asociados. Solo hay que pasar un tiempo en ciudades gigantes como las que se han desarrollado en los centros neurálgicos de Latinoamérica para darse cuenta de hacia dónde nos estamos encaminando también en Europa si no hacemos algo por modificar esa lógica: espacios protegidos con seguridad privada para que el resto, quienes cuidan, limpian y desean lo que jamás lograrán poseer, malvivan a las afueras de ese sueño absurdo que solo sirve para quienes no ganan un sueldo por su trabajo, sino rentabilidades mayores que no tienen ya mucho que ver con ningún tipo de equilibrio financiero que dé sostén a una sociedad igualitaria o, al menos, no desbocada en sus diferencias de clase.

El primer punto para garantizar que podemos avanzar hacia el mismo objetivo es crear consensos que vayan más allá de lo que la juventud puede llegar a desear: debe basarse en un entendimiento intergeneracional que empuje hacia una solución conjunta y coordinada. Por eso aquel artículo que escribí puede ser tan útil para conectar estos dos cabos: si los *boomers* comprenden la desazón en la que están imbricados sus hijos, pero retornan la mirada sobre los lugares que dejaron atrás con ojos de oportunidad y no de rechazo, podremos construir un futuro deseable en los lugares que hoy saben a abandono y tristeza. Ahí reside la alegría y no debe hacerse desde la imposición. No es fácil repoblar con personas que están desconectadas de la vida en el campo: la amalgama entre quienes resistieron y sienten abandono y quienes llegan a reaprenderlo todo es bien compleja, pero no imposible. La educación y el respeto entre ambas son fundamentales. En aquel artículo desarrollaba esta idea así:

Los *boomers* nacieron en una de las etapas más oscuras de España: el franquismo. Sin embargo, cuando terminaron de formarse, España entró en democracia y, con ello, en un periodo de apertura cultural y económica que permitió cubrir puestos para los que apenas había profesionales cualificados. El país estaba por hacerse: el sueño de la casa, el coche y la familia empezaba a ser una realidad para la mayoría de los españoles. [...] Para quienes dejaron la oscuridad de sus pueblos atrás, se compraron un piso en propiedad y lograron escalar en trabajos que duraban toda la vida, parece inverosímil que puedan entender qué ocurre con la frustración que mastican hoy sus hijos. Una generación víctima de la ruptura del ascensor social: la primera que vivirá peor que sus padres, quebrando así una tendencia de décadas.

Los *millennials* son la generación que sí disfrutó de grandes comodidades en su infancia y juventud, tuvo acceso a los estudios universitarios que deseó en mayor o menor medida debido a la ingente democratización de la educación superior en los últimos tiempos en toda España y, sin embargo, sufrió en primera línea las consecuencias de la nefasta crisis económica iniciada en 2008. Los *millennials* son la primera generación que se da cuenta de: primero, que empezar en un trabajo cobrando poco no significa progresar para obtener al cabo del tiempo un puesto mejor y estable. Segundo, que tener una familia es una carrera de obstáculos porque apenas hay acceso a vivienda. Y tercero, que para ser visible y obtener capital social es vital alimentar la máquina de las redes sociales sin recibir remuneración alguna por ello, salvo casos excepcionales, con consecuencias psicológicas asociadas.

Los *boomers* dejaron atrás un espacio arrasado por la soledad. Ese espacio hoy es el único en el que una persona joven tiene la posibilidad de imaginar un futuro. ¿Por qué?

Porque es, de nuevo, esa España en la que todo está por hacerse, tras haber sido olvidada en las últimas décadas que han propiciado el desarrollo urbano masivo.

Pero, como todas las cosas, alguien tiene que poner la primera piedra para el cambio. Falta trabajo, ayudas para emprender, lugares en los que establecerse, oferta cultural, etc. Si los *boomers* se fueron de sus pueblos fue porque no tenían trabajo más allá de la agricultura y la ganadería, y su calidad de vida era muy baja. Pero los *millennials* tienen internet: sería bueno fomentar el teletrabajo. Si los *boomers* se fueron es porque en su momento era más sencillo encontrar un empleo en el que desarrollarse que emprender. Pero los *millennials* han sido educados para perseguir sus deseos y buscar trabajos con propósito que, si no encuentran, inventarán. La cuestión es que tengan las oportunidades necesarias para intentarlo en una nueva economía en la que casi nadie mantiene un mismo empleo durante toda su vida laboral. Los *boomers* se fueron porque su poder adquisitivo ascendente les permitía comprarse una casa, un coche y hasta disfrutar de vacaciones con desconexión incluida. Los *millennials* saben que los pisos en las ciudades son imposibles, lo que dificulta su proyección familiar y personal. Los *boomers* vivieron en primera persona una apertura cultural vibrante que llenó de color años y años de blanco y negro franquista. Los *millennials* han visto de todo a través de una pantalla y pueden acceder a lo que se les ocurra; sin embargo, detestan vivir en lugares en los que nunca pasa nada. Pero es justo ahí donde puede detectarse un nuevo negocio: donde todo está por hacerse en un nuevo contexto.

Frente a esta hipótesis se pondrá el argumento del llamado «efecto de aglomeración», según el cual las empresas de la nueva economía digital, las más importantes en el siglo XXI, buscan ubicarse en grandes ciudades para promover su propio crecimiento. Sin embargo, este «efecto llamada» hace a la vez imposible el buen vivir de sus empleados. Por tanto, ¿hasta qué punto es sostenible esta bola de nieve que estamos creando?

Vivir en un entorno rural hoy en España no significa estar aislado, puesto que el despliegue de las telecomunicaciones en todo el territorio es amplísimo. La conexión terrestre con grandes capitales es ya una realidad desde la inmensa mayoría de las capitales de provincia. No es todo tan sencillo, desde luego: en el medio rural no existes si no tienes un coche propio y no es fácil conseguir una casa en buenas condiciones. Pero las políticas públicas se centran demasiado en tratar de solventar el gran problema de la vivienda donde la burbuja es enorme mientras que hay espacios en los que las soluciones serían mucho más tangibles y directas. Ofrecer vivienda en zonas rurales en consonancia con ofertas de empleo en remoto y dinamización cultural implicaría una ventana de oportunidad para quienes no ven futuro en las ciudades masificadas y anticipan un horizonte apocalíptico.

Lo que para los padres fue futuro hoy es ya pasado para los hijos. Solo cabe reinventarse. Reconstruir la España olvidada igual que la generación *boomer* reconstruyó la España franquista. Lo tenemos más fácil porque, justamente, cuando nacían quienes hoy ven negro su futuro, se logró poner las bases de una inmensa cantidad de servicios que dan confort a esa España periférica. Falta dotarla de sentido y generar un atractivo sobre ella: o lo logramos o la desigualdad nos seguirá acercando a un abismo que, de hecho, ya estamos tocando con la yema de los dedos[2].

---

[2] Violeta Serrano, «El pasado de los *boomers* como futuro de los *millennials*» *Telos. Cuadernos de comunicación e innovación*, 126, 2024, pp. 79-83. https://dialnet.unirioja.es/servlet/articulo?codigo=10045090

Por todo ello, tras el desencanto que la política de la izquierda «transformadora» dejó en mi cuerpo, mi decisión de emprender desde el medio rural y hacerlo, además, tratando de crear un ecosistema de nuevo pensamiento que generase ese atractivo acerca de la vida en contacto con la naturaleza y los tiempos acordes al ejercicio de la escritura, no fue casual.

# 17
# Hacerse SAVIA

Por supuesto que la creación de mi empresa escuelasavia.com vino de una necesidad manifiesta. Cuando me quedé sin trabajo, en mi casa nadie tenía nada a lo que aferrarse y estábamos solos y destruidos mirando la montaña y secándonos por el viento del invierno, así que decidí avanzar. Para encontrar la fórmula no quise hacer un curso más de cómo crear un modelo de negocio al uso: eso ya lo había hecho tiempo atrás, cuando me inscribí a un programa de la Escuela de Negocios ESADE en el que quedé entre las finalistas ganadoras y obtuve por ello financiación. Aquella vez puse en marcha un método para mejorar habilidades blandas a través de técnicas de creación literaria. Pero ahora necesitaba algo más, algo más profundo que sanase lo que me había dañado a la vez que creaba una fuente de ingresos suficiente para vivir con lo mínimo, porque, en realidad, yo ya había comprado mi libertad: tener una casa con huerto y tiempo de vida no tiene precio. Pero hay que comer y, ante todo, seguir conectada con los centros neurálgicos para no desaparecer y seguir peleando por lo que creo necesario: esta transformación social.

Yo ya creía haber dinamitado en aquel momento todas las posibilidades de generar ingresos recurrentes para salir adelante y, evidentemente, ninguno de los que me habían dejado en la calle me ofreció ningún salvavidas para reinsertarme. El silencio fue la única respuesta. Pero los dolores por los que yo me había metido en política seguían ahí. Ellos mismos, quienes fueron mis compañeros, los tenían. Vivir más en redes sociales que en la vida real genera una distorsión en el modo de relacionarte con los demás. Apenas retienes información y solo vives a golpe de estímulo que, al mismo tiempo, se deshace como agua entre los dedos. Me hiela la sangre pensar cuántas veces les decía cosas y ni siquiera eran capaces de retener la información que les daba: cuando tu teléfono suena constantemente por diferentes vías y encima estás enganchado a las redes sociales, nada bueno puede salir de ahí. Así funcionaban la mayoría de los asesores con los que me crucé en aquella etapa y fue terrorífico. Más atentos a lo que Twitter decía que a la vida misma que se deshojaba ante sus ojos.

Y aunque quienes se dedican a la política no deberían estar en esa situación precisamente porque deben estar lúcidos para tomar decisiones correctas o aconsejar en ese sentido, lo cierto es que no son únicos. Hay muchísima gente que se siente desamparada, sin brújula, sin saber por qué hace lo que hace y sin conciencia clara de cuál es su meta y su camino. La razón fundamental es porque el tiempo que creíamos lineal se ha roto: ya no hay una carrera posible en la que ir superando obstáculos para llegar al premio final que puede ser la estabilidad laboral y el techo confortable. Nada asegura que vaya a ser así a la mayoría de las personas que, sobrepasando la barrera de los cuarenta años, aún se ven obligadas a vivir compartiendo piso y sin capacidad alguna de ahorro.

Muchas de estas personas son, además, inmigrantes internos, ya sea por su propio movimiento o el de una segunda generación a la que ya pertenecen. Como decíamos, a partir de los años cincuenta se produjo tal éxodo en España que la gran mayoría de quienes hoy residen en ciudades como Madrid o Barcelona dejaron atrás una raíz profunda en la España olvidada. Pero están desconectados de ese paraíso perdido que, en gran medida, han mamado como algo que dejar atrás, como ya hicieron sus padres o incluso sus abuelos. SAVIA opera en contra de este sentimiento de desprecio para reinventar un futuro acorde con ese arraigo perdido. Pero nadie hace algo por pura obligación: puede hacerlo si se le coacciona, pero no se sostendrá porque se trata de convencer, de apasionar, de crear objetivos tangibles que vuelvan a ilusionar. ¿Cómo hacerlo? Con lo único que resulta revolucionario en estos tiempos vertiginosos y de estímulos varios y constantes: el ejercicio de la literatura y el contacto con los ciclos de la naturaleza. Eso es, en el fondo, SAVIA.

La escritura y la lectura se han convertido en espacios de resistencia frente a la velocidad de los días. Es casi imposible lograr concentrarse por el bombardeo de datos constantes al que estamos sometidos. Tantos hay que finalmente nos resbalan. Meterse en las páginas de un libro que requiera de nosotros fomentar la imaginación es todo un hito, pero practicar esto con regularidad acaba generando, a la vez, una fortaleza inconmensurable. En un momento en el que casi todo viene masticado y empaquetado, el ejercicio de la escritura como agente o de lectura como receptor es un escudo y una espada de gran poder. La capacidad de imaginar es una cualidad inherente al ser humano, pero el desarrollo de la economía del entretenimiento, en la que ya no es necesario completar vacíos porque estos vienen dados por el consumo de cultura sencilla y rápida, la está debilitando, y mucho.

Contar historias implica generar la arquitectura concreta y específica que pone al lector ante la tesitura de actualizar el contenido cada vez que se enfrenta a él: los personajes que los escritores creamos no tienen por qué ser iguales en la cabeza de todos los lectores; al revés. Las pistas que otorgamos darán lugar a características diferentes que se concretarán en identidades diversas que operarán según los sesgos propios de cada lectura. Y eso es fundamental. Así, el escritor se convierte en un ser poderoso capaz de generar mundos verosímiles en la cabeza de quienes penetran en sus escenarios y, al mismo tiempo, el lector o lectora será capaz de inventar mundos diferentes de acuerdo con las pistas que el escritor o escritora les ha proporcionado. Este diálogo constante entre creación y reinvención en cada lector es mucho más importante de lo que pueda parecer, toda vez que este mundo en el que estamos inmersos secuestra nuestra atención y nuestra capacidad de crear, de imaginar otras posibilidades. Mientras permitamos que nuestra proyección se apague, la esperanza de un cambio futuro también se apagará. No se puede imaginar un mundo nuevo si no tenemos la estructura mental estimulada para crearlo. Y para ejecutar políticas públicas en un contexto tan cambiante y vertiginoso como el actual, lo primero que hay que hacer es ser capaz de reimaginarlo casi todo. Pero no de cualquier manera, se debe hacer acorde a los ciclos de lo mínimo, que es donde está la verdadera diferencia y la capacidad de cambio. Y ahí entra el contacto con la naturaleza como fuente de inspiración y transformaciones viables.

Vivir en contacto con la naturaleza y tratar de comprenderla para utilizarla a tu favor respetándola parece una tontería cuando no lo has experimentado, pero, una vez que lo haces, te das cuenta de que es por ahí el camino para volver a la calma y al sosiego de casi todas las cosas. Aparte de una forma lógica de regenerar la propia tierra que tanto necesita de nuestra mesura y escucha activa. Algunos dicen aquello de ruralidad o barbarie, y lo cierto es que algo de eso hay. Cultivar la tierra implica ser consciente de cuándo puedes sembrarla, según lo que la lluvia proporcione, y después estar atento a cómo el clima va a afectarle. Saber que por mucho cariño que le pongas hay veces en las que todo puede fracasar y estarás obligado a volver a empezar. Y debes aceptarlo. Hemos perdido en la vida esta conciencia del cuidado y la paciencia para lograr todas las cosas: la impaciencia y la ambición desmedida comen a la naturaleza humana que, apegada a su raíz, sabe, en el fondo, que casi nada florece en dos días y que precisa de cuidados, paciencia y amor. Lo cíclico, por otra parte, genera una satisfacción mucho más fuerte. La basura que se produce en las ciudades, por mucho que haya avanzado la práctica del reciclado, no tiene nada que ver con sentir cómo aquello que desechas regresa a la tierra para volver a nutrirla. La cadena constante, el ciclo de la vida, perturba el sistema que funciona, como ya hemos dicho, a través de una carrera absurda en la que todo se destruye para volver a consumirlo y, para ello, se pierde el tiempo de vida en conseguir el dinero suficiente para hacerlo. Vivir apegados a la tierra es revolucionario, porque hoy, con las posibilidades que ofrece el punto medio virtuoso entre el diálogo entre lo rural y lo urbano, tenemos a mano el modo óptimo del buen vivir que en este siglo XXI la inmensa mayoría de la población habíamos vendido a cambio de volvernos, otra vez, esclavos.

SAVIA no es más que la cristalización de todas esas decisiones y el objetivo preciso de acompañar a quien desee encontrar su brújula, como lo hice yo, a retomar el camino a la raíz para ser plenamente de nuevo, con mayor sosiego y paz en un mundo en el que la salud mental se está resquebrajando precisamente por esta falsa conciencia de que toca salvarse solo. SAVIA quiere crear comunidades que puedan enganchar con esas políticas públicas que solo funcionan cuando realmente escuchan a los territorios y sus necesidades específicas. No se puede legislar desde los centros de poder que no ponen los oídos donde el vacío y el abandono se han apoderado de las pasiones y las esperanzas de un futuro mejor.

Pero, como digo, hay esperanza, siempre y cuando sepamos encontrar la vuelta a casa sin renunciar al futuro: que la tecnología nos conecte y nos facilite una vida acorde con los ciclos de la tierra. Que el estímulo de la imaginación nos permita retornar a la creencia de que un mundo nuevo no solo es posible, sino necesario, y que se puede reconstruir de una manera tangible desde esos lugares que nuestros antepasados habían abandonado. La penuria se puede convertir ahora en confort y viabilidad de nuevas esperanzas. Y ya existen ejemplos de ello.

# 18
# Nuevas comunidades apegadas al territorio

No me preguntaron por qué. No me miraron con desprecio ni siquiera con desconfianza. Alguien que aún no me conocía demasiado, pero sabía lo que era estar en mi pellejo, me dio la clave. Tienes que hablar con ellos. Y lo hice. Y desde ahí todo empezó a ir mejor. Porque ya no estaba sola. Porque había gente que me daba la mano si me veía tropezar, que me sonreía si me veía bajar los brazos para que los volviera a levantar, que me aplaudía si me veía en peligro de soltar lágrimas que no tocaban. Fueron algunas personas maravillosas dispersas por la provincia: algunos en la política, otros voluntarios. Y era, también, la gente del valle de Laciana.

Yo solo era una escritora tratando de dar la cara para salir a flote en un momento de emergencia democrática. Quería ayudar a sacar de la desafección a tanta gente que no tenía ninguna intención de ofrecer su voto a las urnas o que estaba acercándose peligrosamente al «son todos iguales». Era muy consciente del olvido al que estaba sometida la tierra a la que pretendía representar. Conocía sus dolores, su agravio, su desolación. Y quise darle la vuelta. No era una postura recién tomada; al revés, era una decisión política que ya había ejecutado hacía tiempo: no por casualidad levanté mi casa en la vieja huerta de mis abuelos. Sostengo que estas tierras tienen un valor profundo que, a veces, de tanto mirarlas de cerca y en silencio, olvidamos. Y es justo al revés: este refugio vale oro. Las raíces primero, las alas después.

Aquella campaña fue compleja para mí. La exposición me llevó a lugares emocionales de mi vida personal y pasada que nunca hubiese querido transitar, pero lo hice porque me comprometí a darlo todo para activar a la mayor cantidad de gente posible. No sé hacer las cosas a medias, aunque con los años ese fuego vaya mermando por pura supervivencia. En aquellos días hubo gente que me insultaba por la calle y en las redes, otros me amenazaron, algunos que creía amigos desaparecieron ante mis ojos para siempre, pero otras muchas personas me paraban cuando me veían y me abrazaban emocionadas, me daban las gracias por darles voz, por creer en ellos por fin, por representar un futuro posible y mejor que partiera del olvido hacia el futuro. La mayoría era gente joven, gente que no se sentía representada por nadie hasta entonces.

Fiel a las razones que me habían llevado hasta ese punto del mapa y de la vida, decidí poner el broche final de aquellos días en este pueblito que hoy se ha convertido en mi casa. Y dudamos: era posible que no viniera nadie, que fuese un fracaso, que hubiese más silencio que escombros, y ya es decir. Pero vino mucha gente. Y ellos también. Los del valle de Laciana alquilaron un enorme autobús desde Villablino y se plantaron en mi pueblo con su bandera, su cariño y unas voces que hacían temblar a los negrillos. Hasta un piano trajeron en brazos. Cantamos, bailamos, bebimos toda una noche que fue catártica con otra gente excepcional que dijo sí desde el primer día. Unas amigas de hierro se trajeron sus tambores y me dieron los ánimos que entonces ya fallaban. Pusieron música de fondo a todo volumen, me recordaron de dónde venía y por qué tenía la fuerza para pelear por lo que creía justo, por frenar a la extrema derecha que nos quería calladas. Y yo, como dije en aquel mitin final, solo estaba ahí para reactivar nuestro deseo de ser felices. Porque podemos hacerlo, porque esta tierra es valiosa y hay muchas más por toda España presas de la misma encrucijada. Lo primero es creer. Y para eso mezclar una noche de verano a viejos mineros con un piano en medio de un campo de trigo es un aliciente hermoso. Lo demás viene después, pero sin ilusión no hay nada[1].

Los mineros del valle de Laciana fortificaron algo que ya estaba en mí y era la brújula de no hacer nada por lo que después no pudiera mirarles a la cara. De ahí nace una autenticidad distinta que, creo, la política ha ido perdiendo. No se puede encontrar un punto medio virtuoso si nos alejamos de lo pequeño, de los lugares en los que la comunidad sigue vigente precisamente porque se necesita. Los alcaldes de municipios con poca población están obligados a dar constantemente la cara, a ponerse a prueba cada día porque son vecinos a la vez que responsables de la toma de decisiones. Es importante reorientar esta manera de concebir la política en momentos en los que la multiplicidad de pantallas y filtros hacen que desconozcamos aquello que las redes engrandecen. ¿Quiénes son aquellos que detentan el poder? ¿El poder es menos cuando se basa en comunidades acotadas? ¿Tiene sentido volver a formas de organización que escuchen de verdad a las personas que están en la base de la pirámide o no queremos hacerlo?

---

[1] Violeta Serrano, «Los mineros y el piano», *ileón*, 18 de marzo de 2024. https://ileon.eldiario.es/opinion/mineros-piano_129_11216527.html

En Juzbado, un pueblito de Salamanca, hay un alcalde que se ha empeñado en hacer cosas aparentemente extravagantes que generan una comunidad fuerte y asociativa desde el inicio de la vida misma. De hecho, hay hasta una asamblea de los niños que, desde pequeños, comienzan así a conocer las posibilidades de expresar lo que desean y lo que otros también quieren hacer y de qué forma pueden llegar a acuerdos para que todas las partes avancen sobre un punto medio válido. Ejercicios como este son oro en un mundo polarizado y febril como el que tenemos. Ejercicios que están olvidados en medio de una España más olvidada aún, pero que resisten con gestos mínimos que cambian la forma de ser y estar en el mundo. En ese pueblo hay también servicios de educación ambiental y hasta un compostaje comunitario: el vínculo con la naturaleza se practica asimismo en la cotidianeidad y se aprueba, a la vez, cuando toda la comunidad vela por el respeto a la tierra. No tiene nada de complicado, en realidad: se trata de aprovechar los residuos orgánicos que los propios vecinos generan para que puedan reconvertirse en abonos y compost que regrese a la propia tierra con la que cultivan sus campos en el pueblo. De este modo, los vertederos no se colapsan y, al mismo tiempo, los vecinos tienen a disposición abonos de calidad para sus propios jardines y huertos que, a su vez, generarán alimentos de mayor aprovechamiento y, en definitiva, mayor libertad económica, puesto que la comida, a fin de cuentas, es suya y saben cómo la cultivan y, por tanto, qué es lo que consumen. Y esto que puede parecer una actitud *hippie* pasada de moda es lo más revolucionario que podemos hacer en un mundo que nos quiere plastificados, estresados y precarizados.

Hay un libro esencial de Lucy Jones, *Perdiendo el Edén*, donde se fundamentan todas estas intuiciones que una obtiene al retornar al contacto directo con la naturaleza en su día a día. Esto es lo que la lectura de esta obra y otras similares me sugirió y que compartí en *Retina*:

> El libro prueba que nos reequilibramos cuando pasamos tiempo en espacios verdes: se mejoran funciones inmunológicas, se reducen los pensamientos recurrentes, se activa la calma y la relajación en nuestra actividad cerebral, disminuye la inflamación y mejora la microbiota intestinal. Todo ello impacta directamente en nuestra salud mental. Además estimula algo que también estamos perdiendo: nuestra capacidad de observar y asombrarnos. Un lujo a nuestro alcance que, sin embargo, no nos damos. Pocas cosas hay más terapéuticas que dejarnos seducir por una caminata en un bosque o un chapuzón en el mar o en un río salvaje: los ruidos y olores asociados a ese tipo de actividades nos conectan con otro tiempo, con una calma primigenia y cabal. Está comprobado, por ejemplo, que el olor de la tierra después de llover activa las áreas de calma en el cerebro. Eso tiene un nombre, «petricor», que se activa a partir de un compuesto con otra música preciosa: «geosmina». De hecho, los llamados «baños de bosque» equilibran el sistema nervioso, según un gran estudio de la Universidad de Edimburgo.
>
> [...] Plantar, sembrar, de hecho, implica paciencia y fe en que en algún momento crecerá: si sembramos o plantamos algo es porque tenemos la esperanza de verlo transformado algún día. Es decir, ese gesto que estamos olvidando genera confianza en futuros posibles, algo que perdemos día a día en este mundo veloz y caótico en el que muchas personas no ven horizonte. Y eso, en realidad, es bastante lógico porque «literalmente» nuestra mirada termina en una pantalla, un muro, otra pantalla, otro muro y vuelta a la pantalla. Estamos generando interacciones que eliminan la perspectiva y el «ver más allá», creando un claro malestar asociado a este hábito que se extiende como una plaga. Solo

tienes que observar a tu alrededor en el metro, por ejemplo, y verás que la perspectiva es cada vez más corta: saturados de pantallas y alejados de la interacción directa, ni hablemos ya de disfrutar de tiempo de calidad en entornos no construidos. En fin, que así estamos, y en esa lógica no solo los presidiarios sienten finitud y necesidad de reinserción: digamos que esta sensación de hastío es cada vez más creciente en el grueso de las sociedades contemporáneas occidentales.

La falta de sentido sobre nuestra existencia nos está aplastando como una losa, y el contacto con la naturaleza es una forma de salir de esa frustración y de esa apatía. Autores como Richard Louv lo han denominado «trastorno por déficit de naturaleza» e implica que este alejamiento tiene consecuencias en nuestra salud mental y física. Da igual si la naturaleza en principio no te interesa: la necesitas. Estudios londinenses probaron que se prescriben menos antidepresivos en zonas con mayor cantidad de árboles. De nuevo, ¿por qué nos tiramos piedras en nuestro propio tejado?

Es una utopía pensar que vamos a regresar a las zonas olvidadas para vivir en armonía con el entorno natural de forma masiva. Sería lo más justo porque, en entornos naturales, la llamada «equigénesis» —término acuñado por Ritch Mitchell que se refiere a poner coto a las desigualdades socioeconómicas, que están implicando ya también problemas sanitarios, vinculadas al acceso o no a zonas verdes, por ejemplo— tiene más alcance. Pero ojo, aunque mudarse a zonas no tensionadas, es decir, a la España olvidada, pueda ser una solución espectacular para quienes están tratando de iniciar un proyecto de vida —jóvenes que en las ciudades no llegan a fin de mes y comparten piso hasta que les salen canas y más allá—, tampoco es que residir en zonas rurales termine con la depresión: no es una «cura», pero sí una ayuda para lograr un reequilibrio emocional que estamos perdiendo. Además de metros cuadrados disponibles para estirarnos en libertad: es bastante loco tener tanto territorio deshabitado y acumularse como sardinas en lata a precios de vergüenza en grandes capitales y luego necesitar pastillas para sentirnos mejor.

Hay que reorientar los futuros posibles y empezar a incorporar el catálogo de posibilidades de una vida más vinculada al entorno rural en nuestras sociedades. No es el pueblo del siglo pasado que abandonaron nuestros padres y abuelos porque no había nada más que penurias. Al contrario: las penurias hoy están en quienes acumulan trabajos precarios en ciudades en las que no se puede ni respirar.

Justo la palabra «reequilibrio» es fundamental. La panacea no existe, pero el punto medio, desde los griegos hasta aquí, es virtuoso y debemos construirlo. Tener en cuenta las advertencias de los expertos sobre las catástrofes que pueden suceder si continuamos haciendo caso omiso a las consecuencias del cambio climático es ya, más que una urgencia, una cuestión de sentido común[2].

---

[2] Violeta Serrano, «Equigénesis: lo que la naturaleza puede hacer contra la desigualdad», *Retina*, 2025. https://retinatendencias.com/vida-digital/equigenesis-lo-que-la-naturaleza-puede-hacer-contra-la-desigualdad/

## 19
# Que de lejos parecen antorchas

> «Este caldo de cultivo de malestar, de incomprensión y de cabreo justificado es el combustible de la actual extrema derecha. Figuras como Javier Milei o Elon Musk, los motosierros que proponen la reducción a mínimos del aparato del Estado, de lo público, encuentran resonancia en estos lugares porque al campo se le ha negado el poder de gobernar sus propias vidas y ha sido sustituido por un Estado que lo ha abandonado»[1].
>
> BRIGITTE VASALLO

De repente todo se cubrió de humo. No sabíamos si el fuego iba a llegar hasta las casas. No sabíamos. Sencillamente habíamos visto cómo en cuestión de días las llamas avanzaban sobre poblaciones enteras. Pequeñas, ínfimas, olvidadas. Podrían ser antorchas, pero no: era fuego de-

[1] Brigitte Vasallo, «Incendiar sobre quemado», *elDiario.es*, 19 de agosto de 2025. https://www.eldiario.es/opinion/tribuna-abierta/incendiar-quemado_129_12544104.html

vastador y descontrolado, fuego enfurecido que arrasaba la tierra, la raíz. Y contra él, ojalá, antorchas: movimiento contra el olvido de la tierra que, otra vez, moría poco a poco, en un crepitar de angustia y frustración.

El verano de 2025 fue clamoroso en el noroeste de España: los incendios forestales, de una virulencia desconocida hasta el momento, generaron dos movimientos a la vez. Por un lado, reavivaron la organización espontánea en comunidad, lo que en León llamamos las *facenderas*, es decir, agrupamientos de vecinos de los pueblos para llevar a cabo de manera conjunta labores que sean necesarias. Por otro lado, proyectaron exponencialmente el sentimiento de abandono y la conciencia, cada vez más clara, de que solo el pueblo salva al pueblo. Un peligro para la democracia, pero también, es cierto, una advertencia clara sobre la necesidad de modificar ciertas cuestiones que no ayudan a su fortalecimiento y defensa. Es lo de siempre, para qué impuestos si nadie viene cuando lo necesito… y, en cierta medida, eso ocurrió. Y no, ya no era novedad.

La primera vez que esa frase empezó a calar fue tras la catástrofe de la DANA en Valencia, en octubre de 2024. La gente, al sentirse abandonada por su clase política, se organizó para tratar de salir adelante después de que el agua, torrencial y violenta, arrasara con sus casas y, en muchos casos, también con sus vidas. Las catástrofes aquí son distintas: en Valencia el *shock* atacó como un golpe repentino y fue en las labores de reconstrucción en las que se vio cómo la gente, no solo de la zona, sino venida de toda España, protagonizó una oleada de solidaridad conmovedora. En el noroeste, la gente sintió, mientras la catástrofe sucedía —puesto que un incendio precisamente es más destructivo cuanto más tiempo dura—, que nadie venía a ayudarles. Que sus montes se quemaban y que sus casas ardían porque solo les llamaban para desalojarlos y no para quedarse a defenderlos. Así que muchos desobedecieron y se amotinaron contra la orden de las autoridades. Porque puedes sobrevivir a un incendio, pero ¿cómo vas a vivir después si tu modo de vida se desvanece y tu techo tras él? Sin casa ni trabajo, en un entorno ya de por sí castigado por el desempleo, muchos optaron por poner su vida en riesgo y tratar de salvar lo material. Algunos lo lograron. Y no lo hicieron solos. Los primeros días las brigadas de antiincendios no eran suficientes, y se generó todo un movimiento de voluntariado que ayudó a sofocar las llamas: venidos de todas partes, no solo de la zona conflictiva. Después de la bronca política de turno, el rifirrafe constante y cada vez más personas en las calles pidiendo más efectivos y medios, llegaron los medios mastodónticos: helicópteros que descargaban miles de litros en una única pasada, maquinaria pesada, etc. Pero el monte, con su riqueza natural, ya había ardido en una extensión que da miedo recordar, incluyendo, en el caso de León, el patrimonio de la humanidad de las Médulas.

En aquellos días sentí esperanza y miedo a la vez, más allá de la sensación extraña de estar a la espera de que la suerte jugase a mi favor. Si el viento decretaba muerte, entonces habría muerte. Mi casa también podría desaparecer: lo único sólido que había podido construir en todos estos años de migración y trabajo. Así que la noche en la que el fuego amenazaba con avanzar, dormí cerca de mi perra, porque me sentía menos sola. Con el teléfono al lado, atenta a cualquier alerta que pudiera haber: amigos de las Brigadas de Refuerzo en Incendios Forestales (BRIF) me habían dicho que sí, que podría llegar, que no podían asegurar nada porque el comportamiento de las llamas era muy feo y devastador. En cierto punto, incontrolable, a merced de la climatología que, al mismo tiempo, se modificaba por el propio calor que semejante incendio provocaba. Y en aquel momento llevábamos más de una semana con temperaturas que superaban de largo los treinta grados, algo que en mi zona, en verano, no es normal: ni en las máximas ni en las mínimas, que suelen ser más bien frescas, como para dormir con manta. En mi casa se alcanzaron varios días seguidos los veintiocho a la hora de acostarme. No era normal. Tras esa noche de poco dormir y mucho revolverme, desperté antes del amanecer y junto a mi padre traté de refrescar los alrededores de la casa. Preparé una pequeña mochila con cuatro mudas y los papeles importantes que no convendría perder. El ordenador, el cargador, el teléfono. Una nunca sabe qué tiene que llevarse en caso de incendio. Lo hice sin convicción, sin creerme del todo que en algún momento pudiera ocurrir lo peor. Pero lo hice porque me advirtieron que debía estar en alerta. Esa tarde nos juntamos los vecinos del pueblo y aparecieron viejos, jóvenes y hasta jóvenes ajenos. Venían de otros lugares por si necesitábamos ayuda para realizar cortafuegos caseros, es decir, perimetrar el pueblo, en lo posible, para frenar el avance de las llamas en el hipotético caso de que llegasen hasta allí.

Me alegró ver a aquellos chicos con ganas de todo, pero los observé mucho más de lo que debería, tal vez, y ahí llegó el verdadero susto. De cerca vi pulseras verdes y rojigualdas, tatuajes de águilas en los brazos, ropa y botas militares —sin serlo—, y un cinturón con el escudo de la Guardia Civil. Había soñado, al verlos aparecer, que eran militares y que sabrían indicarnos con conocimiento de causa cómo actuar, pero no. Solo era un traje, un deseo, una rebelión de juventud, porque sí, ya lo dije antes, la rebeldía hoy se volvió de derechas. Podemos seguir ignorándolo, pero solo hay que abrir los ojos: la excepción es la contraria.

El pueblo salva al pueblo. Los jóvenes dispuestos a moverse en favor de la gente desfavorecida trayendo cosido en la boca un mensaje claro contra la Agenda 2030 y los ecologistas en general, que no tienen ni idea de cómo funciona realmente la naturaleza. A ese coro se unían los viejos, hartos como estaban de que ahora, para limpiar el monte, aseguraban que tenían que pedir mil permisos cuando toda la vida fueron a cortar leña sin más. Y los rebaños, ay, los rebaños, que cada vez son menos —en mi pueblo quedan solo dos— y que son la mejor garantía contra incendios de estas características: los animales no son solo una foto idílica de veraneo, son las más eficaces desbrozadoras del monte con sus patas y sus mandíbulas poderosas y rumiantes. Pero tal vez desde Madrid esto no se ve, no se quiere ver, o se olvida. O tal vez estos incendios son provocados porque lo que se desea de verdad es abandonar a esta tierra del todo para poder colocar aquí parques solares y eólicos suficientes para abastecer la vida absurda que las ciudades masificadas demandan. Todo eso saltaba por las bocas de la gente que, desesperada y agotada, llevaba días con la adrenalina a tope sin saber si iba o no a conservar su casa, su monte, su vida, y mientras tragaba informaciones poco o nada contrastadas. Lo hacían al mismo tiempo que continuaban tratando de mantener una vida de resistencia, una vida elegida y con defensa a ultranza de sus valores y su legitimidad. Una forma de estar en el mundo totalmente ajena a la dinámica del propio sistema que trata de aniquilarla, pero no lo logra del todo, aunque está cerca, como apunta Brigitte Vasallo:

> Afirmaba John Berger que un campesinado intacto es la única clase social con una resistencia interna hacia el consumismo. No existe un campesinado «intacto», pero algo de eso queda. Este campesinado de base es un peligro contra el sistema, una imposibilidad que se niega a desaparecer y su sola existencia es una amenaza para la sociedad industrial del cambio climático. Y esa extrema derecha que dice apoyarlo solo quiere conseguir los votos y librarse de él en favor del capitalismo extremo también agrario. No le hagamos el juego abriendo más la brecha de la incomprensión y el desprecio hacia un campesinado que atesora piezas del nuevo mundo que necesitamos, con urgencia, para sobrevivir[2].

Hubo alcaldes que salieron al monte con sus vecinos a desbrozar, a poner de su parte para que el fuego no lo arrasase todo. De todos los colores políticos. Los mismos a los que los partidos les recriminan que solo están ahí por pertenecer al partido, justamente, y que se lo deben: todo lo contrario, en realidad. Hoy en día son los partidos los que deberían tomar como adalides de su motor a quienes saben estar en los territorios porque son los únicos políticos en los que aún hay confianza del pueblo mismo, del pueblo que vota y decide todavía. Aunque, peligrosamente, cuando se confía en ellos, es automático observar que ya no se les tilda como tal: si se les da legitimidad es porque ellos mismos desprecian a la política en general. Los políticos son otros, el enemigo, algo ajeno a los pies sobre el terreno y el alma cerca de los problemas de los vecinos de verdad. De nuevo, todas las pistas y todos los cañones apuntan hacia el mismo lugar: la revolución de lo cercano.

---

[2] *Ibidem.*

Así, las *facenderas*, las organizaciones que en la infancia y juventud de mi padre eran lo común en estos pueblos, volvieron. La gente supo de nuevo que podría contar con sus vecinos en caso de emergencia, y eso fue hermoso. Lo triste, lo alarmante, lo complicado, es que detrás de ese movimiento comunitario que renació había un mensaje unívoco: el pueblo salva al pueblo. Y ese pueblo, en realidad, solo se salvó cuando por fin llegaron todos los medios públicos necesarios, con la fuerza del Estado y, más aún, con el apoyo de la Unión Europea a la que pertenecemos.

Este episodio desastroso, uno más, genera preguntas y muchas respuestas: necesitamos una organización macro, es obvio, pero de nada servirá si no llega a tiempo y si la gente a la que debe ayudar no confía en ella. La comunicación entre comunidades autónomas y Estado nacional fue deficiente. La gente de a pie, pegada al territorio, está hasta el moño de que le digan cómo debe actuar en su zona, sobre todo cuando quienes dictan esas normas jamás la pisaron ni conocen la sabiduría pegada a la naturaleza que es más ecológica que todos los carteles verdes que se puede uno colgar en el pecho.

En mi época en Sumar, recuerdo lo mal que lo pasé en la distorsión que sentía: ecologistas de salón que no tenían la menor idea del dolor real que suponía ver cómo las formas de vida apegadas a la tierra estaban muriendo poco a poco, y la burocratización excesiva, lejos de ayudar, empeoraba y cortaba las posibles salidas a esa debacle silenciosa pero letal. Flexibilizar para posibilitar modos de vida alternativos es más necesario que nunca, pero vamos en camino opuesto: cada vez más control, más normativa, más palos en las ruedas de quienes sienten que ya no tienen más eje sobre el que girar sus carros, agotados de tirar frente al muro de la Administración. Vasallo, una vez más, es nítida en este punto:

> El encaje de los mundos distintos que son el campo y la ciudad es uno de los ejes de conflicto continuo en la historia de Europa de los últimos siglos. Las izquierdas urbanas, ebrias de pensamiento ilustrado y clase alta, no asumen que son ignorantes en las lógicas del mundo rural, ni que el campo tiene enseñanzas para el pensamiento político, ni aceptan que este sea un mundo perfectamente válido, un mundo que sobrevive a pesar de los siglos de guerra contra él. Los movimientos de izquierdas rara vez se han dejado acompañar por la gente del campo: bien al contrario, buscan incansables la fórmula magistral para domar este potro salvaje, siempre de arriba abajo, sin tratar de aprender más allá del gesto absurdo de exotizar al campesinado lejanísimo, que es una forma de cosificación colonial[3].

Por eso, perfiles a medio camino entre ambos mundos son más necesarios que nunca en política: porque son creíbles y porque son, comunicacionalmente, mucho más eficaces. Entender los dos mundos a la vez es clave para modificar su falta de conexión y lograr una cooperación útil y necesaria en un mundo en crisis. Esos días volví a recibir mensajes de gente que yo no sabía ni siquiera que me habían votado en su momento. Otra vez, odio a los políticos, con mensajes así: «A la gente como tú que sí está preocupada realmente por esto, que vive aquí, no la dejan pasar». Y sí, puede que así fuera en mi caso. Pero no por ello hay que bajar los brazos o dejar de creer en la democracia: pero debemos reinventarla, el mundo cambió bastante desde la polis griega hasta aquí; es evidente. Creo en

[3] *Ibidem.*

la naturaleza y creo también en el poder del pueblo: no se salvará solo, pero sí se salvará cuando elija y encuentre líderes que puedan ser cualquier vecino más de una zona concreta, que la conozca, que la comprenda, que la represente de verdad en favor de sus intereses y no del suyo propio. Parece una frase hecha, pero es que la profesionalización de la política ha logrado que nos alejemos cada vez más de esa premisa fundamental. Que quienes lleguen alto no olviden sus raíces cuando les deslumbre el oro de los despachos de Madrid o los coches oficiales que les dejan en reservados de los restaurantes más lujosos del barrio de Salamanca. Se puede: pero probablemente sea necesario atarse los tobillos a la tierra para no salir volando. Saber quién eres y por qué estás ahí. Y saber decir no cuando toque, a pesar de que te corten la cabeza.

El pueblo no salva al pueblo solo, pero el pueblo sabe perfectamente quién es quién. Es hora de escucharle. Y es hora también de contraponer discursos inspiradores, auténticos, a los que la extrema derecha cultiva desde hace años con un repiqueteo constante que, en momentos catastróficos, salen a la luz y se refuerzan. Las antorchas hoy son suyas, pero pueden volver a ser nuestras. Lo primero es comprender de qué modo se están apropiando de una resistencia que, sin duda, debiera conjugar con los valores de la izquierda —ecologismo, comunidad, anticonsumismo, etc.— y que, sin embargo, la torpeza y la falta de entendimiento del progresismo está propiciando que sea la extrema derecha quien detecte mejor esos dolores y sepa transformarlos en votantes a través de palancas narrativas perfectamente engrasadas. Y no es de hoy: hace años que este movimiento ultra se está gestando.

# 20
# La política siempre fue relato: reinventar la ilusión

> «Hoy no podemos dejar de reconocer que un verdadero planteo ecológico se convierte siempre en un planteo social, que debe integrar la justicia en las discusiones sobre el ambiente, para escuchar tanto el clamor de la tierra como el clamor de los pobres».
>
> PAPA FRANCISCO, Encíclica *Laudato si'*, 24 de mayo de 2015[1].

No sabemos quién fue realmente. Hace apenas unos meses, moría el papa Francisco, uno de los que más defendió la ecología como algo inherente al bienestar de la sociedad, así como a los débiles encarnados en la figura del migrante y de los vulnerables en general, auspiciando la figura del misionero como eje central de la Iglesia. Pero ¿quién era ese papa que logró dejar un legado discursivo,

---

[1] https://www.vatican.va/content/francesco/es/encyclicals/documents/papa-francesco_20150524_enciclica-laudato-si.html

al menos, ya que los cambios fundamentales no se consiguieron hacer en un único pontificado? Seguramente no fuera ningún un santo, valga la expresión, porque casi siempre, para alcanzar un puesto de poder debe haber detrás una estrategia calculada y sostenida en el tiempo, y no única e inocente vocación de servicio y bondad. Así que, en el fondo, no tenemos ni idea de quién era Jorge Bergoglio, rebautizado Francisco al llegar a uno de los cargos más poderosos del mundo. Un poder absoluto en su ámbito que solo finaliza, salvo renuncia, cuando la muerte hace su trabajo. Entonces, qué legado dejó. Quién era él.

En realidad, no lo sabemos de casi nadie, ni siquiera de nosotros mismos. El recorrido vital enseña más que cualquier introspección o investigación que nos empeñemos en hacer sobre los demás o en nuestro propio interior. Cómo reaccionamos ante cierta circunstancia, ante un obstáculo específico: eso es lo que le da mimbres al personaje de una novela para determinar su carácter. En la vida, pasa igual. En la política, se trata también, en el fondo, de crear el conjuro. Nada es como es, sino como lo percibimos. Por eso la imagen positiva de un político es una cuestión tan cambiante. Cuando me uní al equipo de Yolanda Díaz, ella estaba en lo más alto. Hoy sigue siendo bastante conocida entre la gente, por encima de muchos otros ministros; no obstante, su confianza cayó en picado. ¿Qué ocurrió? Primero, no fue fiel a su esencia o por lo menos a la esencia que logró hacer que se percibiese alrededor de su persona en las elecciones generales de 2023: rigurosa, trabajadora, ordenada y defensora de los vulnerables. Hablo de imagen, de percepción pública, no de verdad empírica. Segundo, perdió su identidad, si es que alguna vez la tuvo clara, diluida en una pinza mortal entre Podemos y PSOE.

¿Qué hay que aprender de esto? En un tiempo de inmediatez como el actual, donde la comunicación es tan oscilante como un electrocardiograma loco, es todo un desafío mantener una imagen coherente y atractiva ante el público, es decir, los votantes. Y digo público porque al final también se trata de eso: de cautivar como lo haría un actor, una actriz sobre el escenario. De generar una catarsis en el pueblo, como ya decía Aristóteles que ocurría en los teatros en la antigua Grecia: no se iba allí solo para entretenerse, sino para ejecutar una función social. El teatro servía para crear buenos ciudadanos para la polis, más empáticos y experimentados, sin necesidad de vivir en su cuerpo las diferentes circunstancias que una vida terrena e insuficiente ofrece a cada persona particular, sino con la posibilidad de hacerlo a través de quienes actuaban para ellos, con diferentes personajes cada vez, con vidas distintas, con circunstancias diversas, no siempre bondadosos, sino también monstruos que dejaban pistas sobre sus miserias y las causas de su maldad y dolor. Para eso están los actores y actrices, para representar el todo, la diversidad.

¿No es algo parecido a lo que hacen los políticos? Más allá del evidente hecho de que su gestión impecable debiera ser la base fundamental de su eje de trabajo, han de cuidar también la forma de representarnos, porque su función siempre es doble: no solo ejercer el poder, sino mantenerlo durante el margen que los tiempos democráticos dicten. Y es curioso, pero en democracia el poder se mantiene solo mientras la magia exista: si hay creencia, hay continuidad, pero si el pacto de fe se pierde, también caen los votos. Es lo que en teoría de la literatura llamamos pacto de ficción: cuando cae la verosimilitud, pierdes al lector, por eso la gracia está en generar la arquitectura adecuada para que la atención y el interés sobre el personaje y su peripecia a lo largo de la historia nunca decaiga. De todas formas, al hacerlo, se debe crear un equilibrio complejo en el que se roza el límite poniéndolo sobre las cuerdas, toda vez que sea posible para mostrar así de qué es o no capaz con tal de lograr su objetivo, su deseo, su motor en la historia, para demostrar a su lector de esta manera quién es realmente, de qué pasta está hecho o, en todo caso, cómo lo puede percibir, aunque no sea real: esto, en el fondo, importa poco. La realidad no es más que una convención, y no lo digo yo, lo dice la neurociencia y, más concretamente, lo explica perfectamente bien el catedrático Fernando Giráldez que alude a los escritores y artistas en general como «neurocientíficos intuitivos»:

> Vemos el mundo, no de acuerdo con la física, sino con nuestros propios intereses evolutivos. Operamos como un ingeniero que tiene que resolver un problema y nuestro obstáculo principal es lidiar con la realidad. Para lograr eso precisamos información del exterior, para tener una idea de qué se trata y decidir qué hacemos al respecto. El cerebro, entonces, tiene unos esquemas previos donde trata de encajar lo que percibe: por eso somos prejuiciosos por naturaleza. Estos esquemas son, en parte, heredados, sí, pero también son, en gran medida, producto de nuestro muestreo de la realidad, es decir, de la educación y de la cultura que recibimos y en la que estamos insertos. Todo está en nuestro cerebro antes de que miremos al mundo. Cuando lo visualizamos, el cerebro hace un redondeo y estabiliza lo que capta para hacer coherente una realidad que es profundamente fragmentaria y caótica; sin embargo, y por eso mismo, la empaqueta, la empasta con el fin de generar un ilusionismo operativo: ahí es justo donde vivimos, en medio de una ficción[2].

---

[2] Citado en Violeta Serrano, *Poder migrante*, Barcelona, Ariel, 2020, p. 185.

Así que la literatura funciona sobre la base de esta lógica y, por supuesto, la comunicación política también. No es menor constatar que en lenguaje anglosajón, al estratega discursivo se le llama *spin doctor*, es decir, aquel que, según el *New Political Dictionary* de William Safire, trabaja en «la "creación deliberada de nuevas percepciones y el intento de controlar las reacciones políticas". Recuerda que la palabra *spin* tiene como equivalente inglés antiguo *to whirl* que significa *to declive* (engañar, embaucar). El *spin* es una técnica concebida para modificar las percepciones»[3]. Por ese motivo, en el fondo, están tan ligadas las herramientas propias de la literatura con las de la comunicación política. En una novela, si hay peripecia adecuada llevada a cabo por un personaje heroico, digamos, la trama funciona, el pacto de ficción existe, la magia está.

En política hoy se nos está agotando esa magia. Si hacemos un paralelismo entre lo que los protagonistas de las historias deben provocar en sus lectores y lo que los líderes políticos podrían generar en sus votantes, vemos que hoy existe una crisis profunda. Hay un malestar evidente, una decisión de votar en un descarte incómodo, sin demasiada ilusión, sino más bien con una actitud resignada ante «es lo que hay». Da la sensación de que se ha roto el encantamiento. Los representantes ya no parecen representar a sus representados. ¿Qué pasa cuando eso ocurre? El hilo se ha roto. Pero podemos y debemos suturar la herida. La clave es cómo, es decir, cómo regenerar la percepción maltrecha que la ciudadanía tiene de los políticos que dicen representarles pero que ya no perciben así desde esa confianza necesaria.

---

[3] Citado en Christian Salmon, *Storytelling. La máquina de fabricar historias y formatear mentes*, Barcelona, Península, 2008, pp. 43-44.

Empecé este libro exponiendo la escena de la noche previa a mi despido. En ella me vi secuestrada por una suerte de fe atea, canalizada a través de un collar de ciento ocho cuentas que atenuaba mi desesperación, ese *japa mala* que compré cuando sentí que me había perdido. Dije también que procedo de una zona de España interior en la que el catolicismo es una de las corrientes más fuertes y más ordenadoras de las costumbres de la sociedad en la que me crié y en la que ahora, de vuelta a mi raíz, vivo. Mencioné asimismo que durante varios años reaccioné a ese alimento católico que había incorporado a mi día a día desde la infancia convirtiéndome en punk y anarquista en mi época de estudiante y que, tras mi paso por un país como Argentina, con un Estado y unas instituciones bastante más débiles que las que España tiene, logré acariciar un punto medio virtuoso en el que comprendí que nacer en un sistema democrático es lo mejor que me ha pasado jamás. Y si logra tener unas instituciones fuertes, mejor. Y si la separación de poderes se conserva como debe, es casi un sueño húmedo. Pero corre peligro. Cada vez menos personas creen en él. ¿Por qué? Probablemente porque se ha alejado del objetivo que debía alcanzar: mejorar la vida de la gente, de toda, independientemente de su origen social, otorgándole no solo seguridad sino proyección, esperanza y bienestar. Ya no pasa. En todo caso, así se percibe en el grueso de la población. Entonces, ¿necesitamos un cónclave que le dé un golpe de timón a este sistema?

Vuelvo al papa Francisco. Argentino —como yo misma me considero, aparte de española, aunque no lo sea por nacimiento biológico, sino por una suerte de renacimiento vital—, fue elegido en 2013, el mismo año que yo emigré a Buenos Aires, para regenerar un sistema obsoleto, depredado por sí mismo, alejado de su identidad principal, de su esencia. La crisis era obvia: la Iglesia se estaba alejando de sus fieles, probablemente porque los pobres, los vulnerables, todos los hijos de Dios, eran cada vez más refractarios a los lujos que Roma emitía al mundo, como efluvios de un pasado pomposo que poco tenía que ver ya con el momento histórico que la humanidad estaba viviendo desde comienzos de un siglo XXI tan desafiante en distintos ámbitos a la vez. Una catarata de crisis transversales que nos colocan en una incertidumbre vital que, al menos en Europa, hacía tiempo que desconocíamos. Así que el nuevo papa eliminó el oro en lo posible de su atuendo. Se fue a vivir a una residencia más ajustada a lo que un ser humano terreno puede precisar, aun siendo el representante de Dios en la tierra. Priorizó los viajes a las periferias frente a los países centrales.

Y, por supuesto, nada de esto fue inocente o casual. El papa hizo su trabajo: intentó crear estrategias de acercamiento político —porque no hay cosa más política que la Iglesia— a través de danzas imprevisibles alrededor de la presa real, por ejemplo, como su último viaje a Mongolia con los ojos puestos en el gigante asiático. Así como la economía mundial está girando hacia donde millones de personas producen, consumen e investigan para desarrollarse al máximo con las herramientas tecnológicas que nos hemos dado, también la fe debe hacer su trabajo en ese sentido. El papa sabía dónde se jugaban los nuevos hitos de la geopolítica mundial y creó una estrategia subterránea para tratar de hacer su aporte en el acercamiento a China. Lo explica Javier Cercas en su libro *El loco de Dios en el fin del mundo*, que es mucho más que una crónica de ese viaje: es también una búsqueda personal de sí mismo, del escritor, y, en consecuencia, de todo ser humano, porque nuestras inquietudes y deseos son bastante similares en el fondo. El sentido de la vida, en fin, es la base de todo.

Francisco fue un papa que leyó las preocupaciones sobre el cambio climático y las consecuencias que traería para el mundo no saber cómo gestionar la avalancha previsible de migrantes por razones diversas: ya no solo económicas o geopolíticas, sino también climáticas. Se adelantó a las catástrofes que sabía que ocurrirían. No es una cuestión de inspiración divina ni de información privilegiada: en realidad, es un pensamiento de una lógica bastante racional y aplastante que muchos se niegan a admitir, probablemente por pura incapacidad de atacar a la vez y de forma sincronizada tantas cuestiones juntas.

Su encíclica *Laudato si'*, ya en 2015, ponía sobre la mesa la necesidad de reconocer la crisis ecológica como un desafío moral y espiritual, refiriéndose al mundo todo como una «casa común», el *oikos*, y subrayando la idea de que todo está conectado: la interconexión entre todos los seres vivos. Criticó al consumismo exacerbado, alabó la educación ambiental, la protección de los recursos naturales, particularmente en su defensa de la Amazonía, enfrentándose en aquel momento con Bolsonaro y su cruzada contra el pulmón de la Tierra, abogó por la justicia ambiental y el cambio en los estilos de vida, generando así, desde su lugar de influencia, una nueva conciencia global sobre una cuestión que solo ha crecido desde entonces. Pero no hizo de estas palabras solo texto sino ejemplo. ¿Cómo? Subrayando, de nuevo, la idea de la Iglesia anticlerical y misionera, de los que están pegados al territorio y a sus habitantes. Los olvidados de la tierra.

Puede que la figura de los misioneros sea la que más puede enseñar a la izquierda a entonar un *mea culpa* y reflexionar acerca de su función en esta sociedad. Un misionero no viste con trajes caros, sino con humildad. No busca la fotografía ni el protagonismo, sino la invisibilidad en favor de quienes desea ayudar con una autenticidad profunda. Reniega, en general, de los fastos de Roma, abocado como suele estar a problemas de índole mucho más grave: la vida y la muerte de personas indefensas a lo largo y ancho del mundo. A esas personas, salvando las distancias, es a las que se les ha desencantado a través de unos líderes que han perdido la brújula totalmente de aquello que les otorgaba su razón de ser, su motor en esta historia: defender a los débiles.

La Iglesia era algo horizontal que cayó en el verticalismo: el pontificado de Francisco tomó la estrategia de retrotraerla a ese momento en el que todos forman parte de ella. Horizontal, asamblearia. Es lo que llaman sínodo, que, al mismo tiempo, refiere a generar un discernimiento común para tomar decisiones conjuntas sobre un problema concreto. La izquierda «transformadora» española trató de constituirse desde círculos que trataban de dar voz a las bases; pese a ello, en muy poco tiempo se dejó cooptar por los vicios del verticalismo. El dedazo terminó siendo la tónica general, tanto que su escisión supuestamente más sosegada, Sumar, cayó en la misma dinámica. Además, su representante máxima tropezó, por sí misma, con el embrujo de las cámaras y el poder.

Hay como mínimo dos actuaciones que revelan su decadencia en los últimos tiempos. La primera fue su actitud el día que murieron mineros, compañeros, de la mina de Cerredo en Laciana. Ese día, mis compañeros me llamaron a mí para decirme que ahora sí había venido, que las cámaras estaban y ella también. En la campaña le pedimos que acudiera a dar un empujón clave a esa zona en franca decadencia; no lo hizo. Fueron varias ocasiones en las que solicité ayuda para esa comarca que se apaga: nunca la tuve. La segunda fue en el funeral de Francisco, alguien a quien supuestamente admiraba profundamente y, de hecho, logró visitarlo en un par de ocasiones. El selfi promovido por ella junto a María Jesús Montero pintaba, una vez más, al personaje de cuerpo entero. ¿En qué te has convertido? ¿Qué diría el mismo Francisco de semejante actitud? Ni la defensa de la Tierra ni la cercanía con los olvidados. Sumar se convirtió en el verticalismo más absurdo, liderado por una invitada permanente que no tuvo siquiera las agallas para ser parte del movimiento que ella misma creó, pero que no supo gestionar. La regeneración, de nuevo, es urgente.

# 21
# La triple estrategia para reverdecer

> «El mayor cambio que debemos hacer es pasar del consumo a la producción, aunque sea a pequeña escala, en nuestros propios huertos. Si solo el 10 % de nosotros lo hace, habrá suficiente para todos. De ahí la futilidad de los revolucionarios que no tienen huertos, que dependen del mismo sistema que atacan, y que producen palabras y balas, no comida y techo».
>
> BILL MOLLISON, biólogo y naturalista[1].

Se debe partir de la humildad, que no se debe confundir con la falta de audacia. Se debería tener en cuenta la estrategia narrativa, que no quiere decir superproducciones audiovisuales y técnicas. Se debería volver a las raíces, escuchar donde apenas hay oídos, ser transversales, salir de la zona de confort y mirar a los ojos de los que sufren e incluso hacerles saber que estás no cuando haya público,

---

[1] Citado en Guillermo Schnitman (comp.), *El libro de la huerta*, *op. cit.*, p. 21.

sino, más específicamente, cuando no haya nadie, cuando se sientan solos y desamparados como tantos se sienten hoy.

Hay una triple estrategia para reverdecer dentro de la izquierda española: no todas las izquierdas del mundo occidental tienen las mismas palancas posibles, los mismos anclajes a los que agarrarse para reconstruirse y salir a flote. España tiene los suyos y cabe mirarlos de frente para tratar de recuperar toda la ilusión que se hizo trizas por una mala gestión de una suerte de éxito que supuso, sí, estar en el Gobierno una vez más, aunque con un estrechísimo margen de maniobra.

La estrategia tiene tres partes relacionadas entre sí: naturaleza, horizontalidad y persuasión. En un mundo global que tiende a retroceder hacia sistemas más cercanos y acotados, lo primero que debe hacer la política es volver a las bases. Desde ahí se podrá generar una nueva confianza que pueda subir como la savia con la luna llena hasta lo más alto y no olvidar, una vez arriba, que el poder no llega sino de las raíces. Si no hay solidez, no hay nada, solo gigantes efímeros con pies de barro.

En primer lugar, cuando me refiero a naturaleza vuelvo al concepto de periferia que otros han sabido aprovechar tan bien en los últimos tiempos. La extrema derecha ha reintentado el escenario del campo como un lugar de atraso y, sin embargo, apetecible nostalgia en un mundo incierto y veloz. La izquierda, recluida en sus núcleos de votantes urbanos, ha perdido la oportunidad de ensanchar su influencia a través de estas zonas olvidadas de la España interior. No hay nada más acorde con la idea de interconexión entre partes y vida en comunidad que la que el contacto con la naturaleza nos muestra.

El respeto y el apoyo mutuo en lugares en los que apenas hay otra forma de salir adelante que sabiendo qué vecino precisa ayuda y qué otro puede ayudarte a ti en caso de una necesidad concreta es vital y cambia, radicalmente, el individualismo que nos arrasa. La naturaleza nos enseña a parar, a observar que todo es cíclico y, por tanto, a menguar la ansiedad manifiesta que los nuevos modos de trabajo inauguran en nuestra psique. Todo es para ayer, los estímulos son constantes y las luces nos trituran el lóbulo frontal que dificulta el descanso que necesitamos para resetear nuestra capacidad productiva durante la noche.

Aprender de dónde sale lo que comemos, cultivarlo, generar desechos que vuelvan a la tierra en forma de abono, observar cómo los diferentes animales viven en una armonía brutal y perfecta al mismo tiempo es lo más cercano a la comunión con la vida de lo que se puede estar. ¿Cómo hemos permitido que sea la derecha la que abandere la vida idílica que puede ser hoy el buen vivir cerca de la naturaleza? Insisto, no estoy hablando del campo que mis abuelos sufrieron, estoy proponiendo un nuevo paradigma apoyado en las nuevas tecnologías y las comunicaciones que España ya tiene para regenerar esperanza para quienes ya no la atisban. Tierra, techo y trabajo, como siempre se dijo, está hoy mucho más cerca y en condiciones de dignidad mucho mayores que las que las grandes ciudades ofertan. ¿Cómo la izquierda puede, de este modo, ser representante del buen vivir desde lugares cuya esencia se basa en el consumo desmesurado y en los estímulos constantes? Debe volver la vista a donde nadie mira porque ahí, justo ahí, hay una grieta hermosa para reverdecer. Y se trata de estar, permanecer, reconocer, respetar y crecer desde ahí. En ese sentido la red CIT que citaba en el prólogo y que ya existe hoy en España es un andamiaje real y fabuloso para seguir creando desde ahí.

En segundo lugar, la horizontalidad entendida como un modo de relacionarse en el que todos y cada uno de los participantes de una comunidad pueden y deben sentirse parte y/o representados en las decisiones importantes. Eso significa también generar un espacio de autoestima y respeto suficiente para que todo el mundo pueda expresar su opinión y canalizarla como se considere. Es obvio que no es posible que todos y cada uno de los habitantes de un país aporten su visión en cada decisión, fundamentalmente, además, porque la mayoría de las personas ni siquiera lo desean. Pero sí todo el mundo vive en comunicación con una comunidad precisa: en las ciudades pueden ser los centros de trabajo o los lugares en los que se practica alguna actividad de ocio. En los pueblos, obviamente, las propias comunidades que son, en gran medida, un sistema único y ordenado sin mayor complicación por su número reducido. Cada zona de interés puede ser hoy escuchada a través de ciencia de datos, y estas impresiones pueden ser revertidas de forma sintética a quienes deben tomar las decisiones últimas: los representantes políticos. Pero la clave es no perder nunca el eje de la horizontalidad, es decir, que las personas vuelvan a sentir que lo que se les proporciona realmente soluciona problemas de su día a día y que cada solución pasa por llegar al bien de los demás, y no solo al propio. Y este punto vuelve a relacionarse con la cuestión ecológica de una forma evidente, como explica una de las mujeres que más poder tuvieron en el Vaticano de Francisco I, sor Nathalie:

> Si el mundo es una casa común y tenemos el deber de preservarla, como dice el papa en *Laudato si'*, necesitamos una Iglesia en la que todos los participemos, de la que todos

nos hagamos responsables y a la que todos aportemos. Eso es la Iglesia sinodal. Una imagen que me gusta para describirla es la de la danza en la que todo el mundo participa, en la que hay una comunión que supera lo racional y es también espiritual. Eso es la sinodalidad[2].

Esto nos lleva al problema democrático europeo de la laicidad. No había sido un inconveniente hasta ahora, que creíamos, como una fe, en lo que la Ilustración nos legó, pero ahora en que hay un descreimiento absoluto del racionalismo que nos había movido hasta aquí, ¿no es momento de crear una nueva fe transversal? Reverdecer la democracia depende, en gran medida, de lograr o no este objetivo. Como dije más atrás: no se trata de conquistar racionalmente un pensamiento lógico en una época en la que ya ni siquiera el tiempo es lineal como lo era antes, sino de conquistar una emocionalidad de forma tan brutal que sea el corazón quien dicte lo que debe hacer a la razón. Eso es lo que ha logrado la extrema derecha: no se vota a Trump o a Milei desde la razón, sino desde la desesperación, que es lo mismo que decir que se hace desde la poesía. De hecho, un gran poeta argentino, Fabián Casas, les decía esto a sus talleristas en Buenos Aires: «No llegáis a la poesía por estar inspirados, sino por saberos desesperados».

Por eso, y tomando la palanca de la fe a través de la palabra, que es la forma en la que siempre se construye, puesto que es la base de todo pensamiento, en tercer y último lugar, la triple estrategia reside en la persuasión a través de la creación de narrativas útiles y constantes que,

---

2 Citado en Javier Cercas, *El loco de Dios en el fin del mundo*, Barcelona, Penguin Random House, 2025, p. 415.

basadas en las mejores técnicas literarias, construyan personajes lo suficientemente auténticos como para que sus discursos trasciendan más allá de su propia figura. De la misma manera que el papa Francisco dejó la tierra, pero sus enseñanzas quedan, la semilla está. Cada líder debe, otra vez, generar su estrategia a medio y largo plazo, huyendo de la polarización inmediata que la comunicación en red potencia. Para lograr empatía, también hay que estar, como los misioneros están, pegados a la tierra, sin luces. Y, a partir de ahí, generar una nueva adhesión auténtica de donde renazca una nueva fe. Sin ella no habrá modo de remontar esta brújula desnortada que es hoy lo que un día supimos llamar izquierda «transformadora».

Yo, que he sido devastada por ella, incluso yo, vuelvo a tener fe. Y no es una fe basada en la reconstrucción de ese único espacio, sino en la capacidad de generar comunidad con otras visiones políticas que entiendan la necesidad de volver a una comunión de intereses y consensos. Todo se puede, si hay acuerdos y visión de futuro; todo se puede, si no se olvida a quienes más te necesitan: los que no se ven, los últimos, los olvidados de la tierra. Si los focos no nos nublan, las conversaciones privadas vuelven y tienen mucho más peso que los golpes de efecto en las redes sociales. Hay problemas que se solucionan en despachos sin cámaras o en comidas fraternales en las que todos, políticos o no, nos entendemos simplemente mirándonos a los ojos.

Es un planteamiento tan cándido como real. La triple estrategia es un camino posible, no es corto, pero sí sustancial. No se recupera la fe en un día, ni en dos, sino en la constancia de la presencia, de la escucha, de la humildad y de la construcción de liderazgos tan audaces y auténticos a la vez como los tiempos críticos que vivimos requieren.

# 22
# Las tres torres de la Canadenca

Para terminar este libro me tomé unos días en Barcelona. Viajé con el ordenador y el trabajo a cuestas, pero podía, en mis ratos libres, volver a impregnarme de lo que había significado esa ciudad para mí cuando recién llegaba a estudiar en la universidad desde un pequeño pueblo del interior de la España olvidada y todo aquello me parecía fascinante. Tenía solo diecisiete años. Estudié en la Autónoma de Barcelona porque había una triple titulación que me interesaba, sí, pero, en especial, porque estaba enamorada del relato sobre la Rosa de Foc. Esa Barcelona combativa y organizada, ese lugar donde aún había espacios para lo comunitario, para las luchas colectivas, para soñar. Aún los hay. Pero están bastante escondidos, relegados por un mundo que cada día empuja más hacia el individualismo y al sálvese quien pueda.

En este viaje me alojé en casa de una de mis mejores amigas de la universidad. No es su casa, claro. ¿Quién tiene hoy una propiedad en Barcelona? Los dueños de la vida de quienes no la tienen. El piso estaba situado estratégicamente en la zona del Paral·lel. Tenía una humilde terraza que nos daba la vida en esos días de fines de mayo en los que el verano empieza a asomar la cabeza y el sol mediterráneo lo baña todo, sobre todo en el desayuno, cuando el día es siempre una promesa. De un lado de esa terraza se veía la vela, la W, el hotel que hizo famoso, para quien ame la literatura, el gran Casavella. Del otro lado del piso, el balcón ofrecía un espectáculo histórico, solo para muy cafeteros: las tres torres de la Canadenca. Después de haber terminado tan devastada por quien ha hecho de la reducción de la jornada laboral un estandarte de su causa, no deja de ser curiosa la casualidad de que yo termine de escribir este libro con ese paisaje de fondo. Aquí, ante mis ojos, hace más de cien años, en 1919, se gestó la huelga que cambiaría la jornada laboral, que implicaría nuevos derechos y, ante todo, que pondría en entredicho un tipo de trabajo, de entrega, de posibilidad de transformar desde la base con una organización concreta y ejecutada en masa. Lo más fuerte es que de esto haga más de un siglo y que, en la actualidad, la izquierda solo haya podido intentar el logro de una mísera reducción a treinta y siete horas y media cuando, como yo misma defiendo muchas veces, eso ya no impacta en la inmensa mayoría de la clase trabajadora, como sí pasaba entonces. En aquel momento las fábricas con horarios concretos eran lo más común. Hoy, el mayor problema del trabajador del siglo XXI es, por un lado, la precariedad que implica obtener sueldos que se van en renta o alquileres para vivir en grandes capitales y, por el otro, la conexión constante a través de dispositivos electrónicos que borran el límite entre lo personal y lo laboral, además de generar una ilusión de individualismo idílico por medio de las redes sociales que usamos, quien más y quien menos, para exponernos y existir. Sí, muchos trabajos se consiguen hoy de esta manera. Si no te muestras, no existes. Pero, como sea, ahí estaba, terminando este libro con las tres torres apuntalando el escenario final del desencanto. O no: tal vez dibujaban una nueva esperanza.

Barcelona ha sido, en las últimas décadas, un faro de modernidad para España. Siempre ha sabido estar un paso por delante. En la creación de una burguesía próspera y una industria estratégica y abierta al mundo. En la lucha obrera. En la nueva sociedad creada en la simbiosis imposible entre autóctonos e inmigrantes: los charnegos que sufrieron e hicieron de la ciudad lo que hoy es. En los ayuntamientos del cambio, que muchos alaban y otros tanto denuestan. En el despilfarro inmobiliario. En la nueva estrategia narrativa del odio al otro, al diferente, al que no soy yo, *procès* mediante. En el desarrollo de un nuevo auge turístico absolutamente desproporcionado. En la cuna y meca de los *expats* que hacen de las calles del centro una especie de anuncio de Estrella Damm constante donde todo parece maravilloso y, sobre todo, ajeno. Porque la mayoría de la gente que hizo barrio se ha tenido que ir, dejando esas calles a merced del mejor postor. Todo eso llegaría, años después, a Madrid. Y, poco a poco, ese modelo de ciudad uniforme y aburrida, a todas las grandes capitales europeas.

Pero en Barcelona hay una base: hay un sustrato de resistencia que continúa. En mi época universitaria tuve un novio maravilloso: el anarquista de los ojos más azules que probé jamás. Vivía en una casa okupa en el Carmel, y me enseñó todo lo que había que saber para ser consecuente con una idea, aunque esa idea, como era y es la del anarquismo como concepto, nunca se fuera a realizar. Pero sí era y es una hermosa tendencia: un ideal, una suerte de fe. Años después, yo me fui de la ciudad, primero a Francia, luego a Buenos Aires y, como ahora, a mi propia raíz, a esa tierra abandonada que defiendo como un lugar en el que reverdecer, no como una iniciativa individual, sino como un proyecto de país. Él siguió caminando y, aquel niño de Sant Boi del Llobregat, criado por una madre soltera y unos abuelos implicados en que se convirtiese en un hombre bueno y digno, terminó su carrera de Antropología, se enamoró de una compañera de lucha, se fueron a vivir a las afueras de Barcelona y tuvieron una hija hermosa. Mientras, él supo transformar aquello que hacíamos cuando apenas juntábamos veinte años en una forma de vivir. Una forma de vivir coherente y posible en el marco de un entorno hostil como resulta hoy la ciudad de Barcelona para quien no tiene lo suficiente para transitarla con dignidad: o sea, la mayoría.

Lo que hacíamos en la universidad, aparte de crear una Federación de Estudiantes Libertarios que luchaban en distintas causas con una organización bastante aceptable, era difundir nuestras ideas. Éramos una suerte de párrocos ateos que se plantaban en la entrada de la universidad o en los patios centrales, para distribuir libros que nos parecían importantes. Yo tenía mi propia distribuidora, Hazlo Tú Mismo, se llamaba. Él creó una imprenta, esa imprenta tiene ya una editorial propia, Descontrol, pero lo más relevante no es eso, sino la forma de organización cooperativa que ha logrado poner en pie y que resiste como las tres torres de la Canadenca que tengo a mi espalda mientras escribo esto. Su política laboral se basa en la equidad: todos y todas ganan lo mismo, pero tienen pluses por necesidades específicas. Por ejemplo, un hijo. Por ejemplo, una persona a la que se debe cuidar. Una urgencia, lo que sea. Cada tres meses hacen un retiro para limar asperezas, porque en toda comunidad humana, por muy idílica que parezca, hay roce. Cada día, una persona del trabajo cocina para los demás y comen juntas: nada de táper hecho en casa. Esas horas de trabajo en la cocina se cuentan como horario laboral. Por supuesto, ya han aplicado la reducción de jornada: de hecho, son una prueba piloto en su reducción, que va mucho más allá de lo planteado por el Ministerio de Trabajo de España. Y aman lo que hacen y viven de lo que desean y saben que su lugar de trabajo es un entorno cuidado que resiste en el barrio de Sants, donde aún quedan rescoldos de lo que fue la lucha obrera organizada.

Lo traigo como ejemplo porque siempre hay formas de decir no, de cuadrarse ante la única posibilidad que parece ofrecernos este mundo: del mismo modo que defiendo que la negociación sobre las nuevas formas de trabajo tiene que ir de la mano de dónde vivir y cómo, también hay formas diferentes de entender el modo de vincularse con aquello que hacemos para sobrevivir, sí, pero que debe servir asimismo para ser, en la misma medida, en el sentido profundo del término. Igual que estamos desconectados de la naturaleza, parece que estemos condenados a asumir trabajos que no hablan de nosotros, cuya estructura implica siempre una desigualdad brutal que cada día crece y crece hasta el punto que las ciudades, donde suelen realizarse esos trabajos, tienen mil caras, abismos en los que las personas pasean al borde de la convivencia más absurda. Hay hoteles en los que una cerveza y un zumo cuestan veintiséis euros y hay chinos que venden latas por menos de un euro para que la tomes donde la policía no te vea: la calle se ensucia de pobres y eso, en Barcelona, lo saben muy bien. *Civisme, si us plau*, era ya uno de los mantras que se escuchaban por megafonía cuando yo, estudiante venida del interior, apenas podía permitirme otra cosa que aquellas cervezas a escondidas.

Hay otras formas de vida posibles; es un hecho. Hay otras formas de organizarse necesarias. Los partidos políticos han perdido la conexión con sus bases. Los líderes de esos partidos políticos no deberían llamarse como tal si no son capaces de integrar a sus soldados rasos, independientes o no, en sus cuadros relevantes, en la toma de decisiones, en el poder político real.

No hay forma de que la política no se enquiste si quienes suben al poder transformador macro pierden por el camino el poderosísimo poder transformador de lo micro. Estés donde estés, en el asfalto o en la tierra, organízate y lucha. Y sonríe. La alegría era, es y será revolucionaria, aunque el mundo se haya puesto tan oscuro en los últimos tiempos. Tal vez nunca ha sido tan diferente, pero hace rato que estamos perdiendo la noción de comunidad, y las penas en soledad son más penas y angustias. Sobre todo cuando sentimos, aislados en nuestros propios precipicios de esperanzas rotas, que el sálvese quien pueda ha entrado capilarmente en los poros de quienes hubiesen podido cambiarlo todo y, sin embargo, solo desearon cambiar sus propias vidas.

# Agradecimientos

No olvidaré nunca el piano. El autobús cargado de cincuenta personas que venían de un recorrido de más de hora y media desde la montaña leonesa hasta mi ínfimo pueblo de la Maragatería. Venían los mineros y sus mujeres, padres, madres, hijos y hasta abuelos y abuelas. Venían a apoyarme adonde hiciera falta porque sentían algo profundo que nos unía y nos conectó más allá de aquella campaña, de aquella fiesta de cierre que nunca se conoció igual en kilómetros a la redonda. Gracias, Laciana, por tanto. No hubiera podido hacerlo sin vosotros. También a decir no cuando tuve que hacerlo, porque aprendí de vuestra dignidad. Gracias también Rita y Ana, porque fuisteis una luz que me guio tanto y tan bien en un territorio que desconocía y me asustaba por igual. Gracias Rodri por escucharme siempre y valorar mis propuestas: gracias por intentarlo. Y a ti, Fer, que una vez más lo dejaste todo y te lanzaste a los caminos confiando en mi valor. Aunque esa batalla me dejase pegada a la raíz como un imán que me alejó de la tuya. Por las lecciones de vértigo y los nuevos caminos: gracias. Y, por supuesto, a mis padres, a mi hermano, que nunca me amarran sino que me dejan ser aunque tengan después que juntar los trocitos del probable impacto. Gracias también a Paco Boya y a María Martos, porque era obvio que la vida nos iba a conectar de alguna manera en sus azares imprevisibles y la defensa de esa frase, «ruralidad o barbarie», hizo el resto. Gracias también a mi editora, Pilar Cortés, por su trabajo y atención a los detalles. Y gracias, en especial, a David Cebrián, que una tarde compartiendo una deliciosa caña madrileña me sorprendió dándome el empujón exacto para convertir lo que fue duelo personal en un aprendizaje colectivo.

# Bibliografía

BAÑOS, Pedro, *El dominio mundial. Elementos del poder y claves geopolíticas*. Barcelona, Ariel, 2018 (2.ª edición).

CARMENA, Manuela, *Imaginar la vida. Cuatro décadas transformando lo público*, Barcelona, Península, 2025.

CERCAS, Javier, *El loco de Dios en el fin del mundo*, Barcelona, Penguin Random House, 2025.

CERDÀ, Paco, *Los últimos. Voces de la Laponia española*, Logroño, Pepitas de Calabaza, 2017 (4.ª edición).

CONDE-RUIZ, José Ignacio y CONDE GASCA, Carlotta, *La juventud atracada. Cómo un electorado envejecido cercena el futuro de los jóvenes*, Barcelona, Península, 2023.

DIONI LÓPEZ, Jorge, *La España de las piscinas. Cómo el urbanismo neoliberal ha conquistado España y transformado su mapa político*, Barcelona, Arpa, 2023 (6.ª edición).

FONT GAROLERA, Jaume, *Las Españas despobladas. Entre el lamento y la esperanza*, Madrid, Catarata, 2023.

GARCÉS, Marina, *Nueva ilustración radical*, Barcelona, Anagrama, 2017.

GARCÍA BARNÉS, Héctor, *Futurofobia. Una generación atrapada entre la nostalgia y el apocalipsis*, Barcelona, Plaza & Janés, 2022.

JONES, Lucy, *Perdiendo el Edén. Por qué necesitamos estar en contacto con la naturaleza*, Barcelona, Gatopardo, 2020.

MOLINO, Sergio del, *La España vacía. Viaje por un país que nunca fue*, Madrid, Turner, 2016.

ODELL, Jenny, *¡Reconquista tu tiempo! Vivimos con el reloj equivocado y nos está destruyendo*, Barcelona, Ariel, 2024.

SALMON, Christian, *Storytelling: la máquina de fabricar historias y formatear mentes*, Barcelona, Península, 2023.

SÁNCHEZ, María, *Tierra de mujeres. Una mirada íntima y familiar al mundo rural*, Barcelona, Seix Barral, 2019.

—, *Fuego la sed*, Barcelona, La Bella Varsovia, 2024.

SÁNCHEZ-CUENCA, Ignacio, *La superioridad moral de la izquierda, Madrid*, Lengua de Trapo, 2018.

SCHNITMAN, Guillermo (comp.), *El libro de la huerta. Agroecología para la autonomía alimentaria*, Buenos Aires, La Marca Editora, 2024.

SÉNECA, Lucio Anneo, *Sobre la brevedad de la vida, el ocio y la felicidad*, Barcelona, Acantilado, 2023.

SERRANO, Violeta, *Flores en la basura. Relato personal de la generación perdida*, Barcelona, Ariel, 2022.

SIMÓN, Pablo, *Entender la política. Una guía para novatos*, Madrid, Alfaguara, 2023.

STEFANONI, Pablo, *¿La rebeldía se volvió de derechas?*, Buenos Aires, Siglo XXI, 2017.

TRIGO, Macarena, *Perra inquietud*, Buenos Aires, Halley Ed., 2023.

WIENER, Gabriela, *Atusparia*, Barcelona, Penguin Random House, 2024.

## Webgrafía

Arnaiz Chico, Elsa y Serrano, Violeta, «Juventud y transición ecológica», *Colección Policy briefs. Observatorio transición justa*, 2023. https://www.observatorio-transicionjusta.com/publicaciones/#policybriefs

Casqueiro, Javier, «Gabriel Rufián: "A un Gobierno no se le puede tomar tumbar por esto"», *El País*, 13 de julio de 2025. https://elpais.com/espana/2025-07-13/gabriel-rufian-a-un-gobierno-no-se-le-puede-tumbar-por-esto.html

Francisco, *Laudato si' del santo padre Francisco sobre el cuidado de la casa común*, 2015. https://www.vatican.va/content/francesco/es/encyclicals/documents/papa-francesco_20150524_enciclica-laudato-si.html

Herrera, Elena, Oliveres, Victòria y Jara, Yuly, «¿Los jóvenes ya no temen una dictadura? Claves del declive de la confianza en la democracia en las nuevas generaciones», *elDiario.es*, 16 de marzo de 2025. https://www.eldiario.es/politica/jovenes-no-temen-dictadura-claves-declive-confianza-democracia-nuevas-generaciones_1_12131368.html

Red CIT. https://www.redcit.es/quienes-somos

Serrano, Violeta, «Los mineros y el piano», *ileón*, 18 de marzo de 2024. https://ileon.eldiario.es/opinion/mineros-piano_129_11216527.html

—, «Starlink no falla: Elon Musk venció a la democracia», *Retina*, 5 de noviembre de 2024. https://retinatendencias.com/opinion/starlink-no-falla-elon-musk-vencio-a-la-democracia/

—, «El pasado de los *boomers* como futuro de los *millennials*», *Telos. Cuadernos de comunicación e innova-*

*ción*, 126, 2024, pp. 79-83. *https://dialnet.unirioja.es/servlet/articulo?codigo=10045090*
—, «De aquel encierro, esta “libertad”. Javier Milei: ¿por la boca muere el pez?», *Retina*, 26 de febrero de 2025. https://retinatendencias.com/cultura-digital/de-aquel-encierro-esta-libertad-javier-milei-por-la-boca-muere-el-pez/
—, «Nadie muere en Tsaciana», *ileón*, 7 de abril de 2025. https://ileon.eldiario.es/laciana/nadie-muere-en-tsaciana-columna-violeta-serrano-desde-el-valle_129_12200426.html
—, «Redes para la ira: Argentina violenta y ficcional», *Retina*, 2025. https://retinatendencias.com/analisis/redes-para-la-ira-argentina-violenta-y-ficcional/
—, «Equigénesis: lo que la naturaleza puede hacer contra la desigualdad», *Retina*, 2025. https://retinatendencias.com/vida-digital/equigenesis-lo-que-la-naturaleza-puede-hacer-contra-la-desigualdad/
VASALLO, Brigitte, «Incendiar sobre quemado», *elDiario.es,* 19 de agosto de 2025. https://www.eldiario.es/opinion/tribuna-abierta/incendiar-quemado_129_12544104.html
VÁZQUEZ, Gabriela, «Y sin embargo, aún podemos volver a la tierra», *Pikara Magazine*, 23 de abril de 2025. https://www.pikaramagazine.com/2025/04/y-sin-embargo-aun-podemos-volver-a-la-tierra/

## OTROS

Documental: *Cómo ganar plata*, dirigido por Ofelia Fernández, Fundar y Corta Producciones, 2024.
Película: *El 47*, dirigida por Marcel Barrena, Productora Mediapro, 2024.

Canciones:

VALERIA CASTRO: «Al borde del mundo», canción original de la película *El 47*, 2024.

C. TANGANA, «Nominao» (con part. de Jorge Drexler), del disco *El Madrileño*, 2021.